PERSAN

VOCABULAIRE

POUR L'AUTOFORMATION

FRANÇAIS
PERSAN

Les mots les plus utiles
Pour enrichir votre vocabulaire et aiguiser
vos compétences linguistiques

7000 mots

Vocabulaire Français-Persan pour l'autoformation - 7000 mots
Dictionnaire thématique
Par Andrey Taranov

Les dictionnaires T&P Books ont pour but de vous aider à apprendre, à mémoriser et à réviser votre vocabulaire en langue étrangère. Ce dictionnaire thématique couvre tous les grands domaines du quotidien: l'économie, les sciences, la culture, etc ...

Acquérir du vocabulaire avec les dictionnaires thématiques T&P Books vous offre les avantages suivants:

- Les données d'origine sont regroupées de manière cohérente, ce qui vous permet une mémorisation lexicale optimale
- La présentation conjointe de mots ayant la même racine vous permet de mémoriser des groupes sémantiques entiers (plutôt que des mots isolés)
- Les sous-groupes sémantiques vous permettent d'associer les mots entre eux de manière logique, ce qui facilite votre consolidation du vocabulaire
- Votre maîtrise de la langue peut être évaluée en fonction du nombre de mots acquis

T&P Books Publishing
www.tpbooks.com

ISBN: 978-1-78716-794-0

Ce livre existe également en format électronique.
Pour plus d'informations, veuillez consulter notre site: www.tpbooks.com ou rendez-vous sur ceux des grandes librairies en ligne.

VOCABULAIRE PERSAN POUR L'AUTOFORMATION
Dictionnaire thématique

Les dictionnaires T&P Books ont pour but de vous aider à apprendre, à mémoriser et à réviser votre vocabulaire en langue étrangère. Ce lexique présente, de façon thématique, plus de 7000 mots les plus fréquents de la langue.

- Ce livre comporte les mots les plus couramment utilisés
- Son usage est recommandé en complément de l'étude de toute autre méthode de langue
- Il répond à la fois aux besoins des débutants et à ceux des étudiants en langues étrangères de niveau avancé
- Il est idéal pour un usage quotidien, des séances de révision ponctuelles et des tests d'auto-évaluation
- Il vous permet de tester votre niveau de vocabulaire

Spécificités de ce dictionnaire thématique:

- Les mots sont présentés de manière sémantique, et non alphabétique
- Ils sont répartis en trois colonnes pour faciliter la révision et l'auto-évaluation
- Les groupes sémantiques sont divisés en sous-groupes pour favoriser l'apprentissage
- Ce lexique donne une transcription simple et pratique de chaque mot en langue étrangère

Ce dictionnaire comporte 198 thèmes, dont:

les notions fondamentales, les nombres, les couleurs, les mois et les saisons, les unités de mesure, les vêtements et les accessoires, les aliments et la nutrition, le restaurant, la famille et les liens de parenté, le caractère et la personnalité, les sentiments et les émotions, les maladies, la ville et la cité, le tourisme, le shopping, l'argent, la maison, le foyer, le bureau, la vie de bureau, l'import-export, le marketing, la recherche d'emploi, les sports, l'éducation, l'informatique, l'Internet, les outils, la nature, les différents pays du monde, les nationalités, et bien d'autres encore ...

TABLE DES MATIÈRES

GUIDE DE PRONONCIATION

Alphabet phonétique T&P	Exemple en persan	Exemple en français
['] (ayn)	دعوا [da'vā]	consonne fricative pharyngale voisée
['] (hamza)	تایید [ta'id]	coup de glotte
[a]	رود [ravad]	classe
[ā]	آتش [ātaš]	camarade
[b]	بانک [bānk]	bureau
[č]	چند [čand]	match
[d]	هشتاد [haštād]	document
[e]	عشق [ešq]	équipe
[f]	فندک [fandak]	formule
[g]	لوگو [logo]	gris
[h]	گیاه [giyāh]	[h] aspiré
[i]	جزیره [jazire]	stylo
[j]	جشن [jašn]	adjoint
[k]	کاج [kāj]	bocal
[l]	لیمو [limu]	vélo
[m]	ماجرا [mājarā]	minéral
[n]	نروژ [norvež]	ananas
[o]	گلف [golf]	normal
[p]	اپرا [operā]	panama
[q]	لاغر [lāqar]	g espagnol - amigo, magnífico
[r]	رقم [raqam]	racine, rouge
[s]	سوپ [sup]	syndicat
[š]	دوش [duš]	chariot
[t]	ترجمه [tarjome]	tennis
[u]	نیرو [niru]	boulevard
[v]	ورشو [varšow]	rivière
[w]	روشن [rowšan]	iguane
[x]	کاخ [kāx]	scots - nicht, allemand - Dach
[y]	بیابان [biyābān]	maillot
[z]	زنجیر [zanjir]	gazeuse
[ž]	ژوئن [žuan]	jeunesse

ABRÉVIATIONS
employées dans ce livre

Abréviations en français

adj	-	adjective
adv	-	adverbe
anim.	-	animé
conj	-	conjonction
dénombr.	-	dénombrable
etc.	-	et cetera
f	-	nom féminin
f pl	-	féminin pluriel
fam.	-	familiar
fem.	-	féminin
form.	-	formal
inanim.	-	inanimé
indénombr.	-	indénombrable
m	-	nom masculin
m pl	-	masculin pluriel
m, f	-	masculin, féminin
masc.	-	masculin
math	-	mathématics
mil.	-	militaire
pl	-	pluriel
prep	-	préposition
pron	-	pronom
qch	-	quelque chose
qn	-	quelqu'un
sing.	-	singulier
v aux	-	verbe auxiliaire
v imp	-	verbe impersonnel
vi	-	verbe intransitif
vi, vt	-	verbe intransitif, transitif
vp	-	verbe pronominal
vt	-	verbe transitif

CONCEPTS DE BASE

Concepts de base. Partie 1

1. Les pronoms

| je | man | من |
| tu | to | تو |

il, elle, ça	u	او
nous	mā	ما
vous	šomā	شما
ils, elles	ān-hā	آنها

2. Adresser des vœux. Se dire bonjour. Se dire au revoir

Bonjour! (form.)	salām	سلام
Bonjour! (le matin)	sobh bexeyr	صبح بخیر
Bonjour! (après-midi)	ruz bexeyr!	روز بخیر!
Bonsoir!	asr bexeyr	عصربخیر

dire bonjour	salām kardan	سلام کردن
Salut!	salām	سلام
salut (m)	salām	سلام
saluer (vt)	salām kardan	سلام کردن
Comment allez-vous?	haletān četowr ast?	حالتان چطور است؟
Comment ça va?	četorid?	چطورید؟
Quoi de neuf?	če xabar?	چه خبر؟

Au revoir! (form.)	xodāhāfez	خداحافظ
Au revoir! (fam.)	bāy bāy	بای بای
À bientôt!	be omid-e didār!	به امید دیدار!
Adieu!	xodāhāfez!	خداحافظ!
dire au revoir	xodāhāfezi kardan	خداحافظی کردن
Salut! (À bientôt!)	tā bezudi!	تا بزودی!

Merci!	motešakker-am!	متشکرم!
Merci beaucoup!	besyār motešakker-am!	بسیار متشکرم!
Je vous en prie	xāheš mikonam	خواهش می کنم
Il n'y a pas de quoi	tašakkor lāzem nist	تشکر لازم نیست
Pas de quoi	qābel-i nadārad	قابلی ندارد

| Excuse-moi! | bebaxšid! | ببخشید! |
| excuser (vt) | baxšidan | بخشیدن |

| s'excuser (vp) | ozr xāstan | عذر خواستن |
| Mes excuses | ozr mixāham | عذرمی خواهم |

Pardonnez-moi!	bebaxšid!	ببخشید!
pardonner (vt)	baxšidan	بخشیدن
C'est pas grave	mohem nist	مهم نیست
s'il vous plaît	lotfan	لطفاً

N'oubliez pas!	farāmuš nakonid!	فراموش نکنید!
Bien sûr!	albate!	البته!
Bien sûr que non!	albate ke neh!	البته که نه!
D'accord!	besyār xob!	بسیارخوب!
Ça suffit!	bas ast!	بس است!

3. Les nombres cardinaux. Partie 1

zéro	sefr	صفر
un	yek	یک
deux	do	دو
trois	se	سه
quatre	čāhār	چهار

cinq	panj	پنج
six	šeš	شش
sept	haft	هفت
huit	hašt	هشت
neuf	neh	نه

dix	dah	ده
onze	yāzdah	یازده
douze	davāzdah	دوازده
treize	sizdah	سیزده
quatorze	čāhārdah	چهارده

quinze	pānzdah	پانزده
seize	šānzdah	شانزده
dix-sept	hefdah	هفده
dix-huit	hijdah	هیجده
dix-neuf	nuzdah	نوزده

vingt	bist	بیست
vingt et un	bist-o yek	بیست ویک
vingt-deux	bist-o do	بیست ودو
vingt-trois	bist-o se	بیست وسه

trente	si	سی
trente et un	si-yo yek	سی ویک
trente-deux	si-yo do	سی ودو
trente-trois	si-yo se	سی وسه

quarante	čehel	چهل
quarante et un	čehel-o yek	چهل ویک
quarante-deux	čehel-o do	چهل ودو
quarante-trois	čehel-o se	چهل وسه

| cinquante | panjāh | پنجاه |
| cinquante et un | panjāh-o yek | پنجاه ویک |

| cinquante-deux | panjāh-o do | پنجاه ودو |
| cinquante-trois | panjāh-o se | پنجاه وسه |

soixante	šast	شصت
soixante et un	šast-o yek	شصت ویک
soixante-deux	šast-o do	شصت ودو
soixante-trois	šast-o se	شصت وسه

soixante-dix	haftād	هفتاد
soixante et onze	haftād-o yek	هفتاد ویک
soixante-douze	haftād-o do	هفتاد ودو
soixante-treize	haftād-o se	هفتاد وسه

quatre-vingts	haštād	هشتاد
quatre-vingt et un	haštād-o yek	هشتاد ویک
quatre-vingt deux	haštād-o do	هشتاد ودو
quatre-vingt trois	haštād-o se	هشتاد وسه

quatre-vingt-dix	navad	نود
quatre-vingt et onze	navad-o yek	نود ویک
quatre-vingt-douze	navad-o do	نود ودو
quatre-vingt-treize	navad-o se	نود وسه

4. Les nombres cardinaux. Partie 2

cent	sad	صد
deux cents	devist	دویست
trois cents	sisad	سیصد
quatre cents	čāhārsad	چهارصد
cinq cents	pānsad	پانصد

six cents	šešsad	ششصد
sept cents	haftsad	هفتصد
huit cents	haštsad	هشتصد
neuf cents	nohsad	نهصد

mille	hezār	هزار
deux mille	dohezār	دوهزار
trois mille	se hezār	سه هزار
dix mille	dah hezār	ده هزار
cent mille	sad hezār	صد هزار
million (m)	milyun	میلیون
milliard (m)	milyārd	میلیارد

5. Les nombres. Fractions

fraction (f)	kasr	کسر
un demi	yek dovvom	یک دوم
un tiers	yek sevvom	یک سوم
un quart	yek čāhārom	یک چهارم
un huitième	yek panjom	یک هشتم
un dixième	yek dahom	یک دهم

| deux tiers | do sevvom | دو سوم |
| trois quarts | se čāhārrom | سه چهارم |

6. Les nombres. Opérations mathématiques

soustraction (f)	tafriq	تفریق
soustraire (vt)	tafriq kardan	تفریق کردن
division (f)	taqsim	تقسیم
diviser (vt)	taqsim kardan	تقسیم کردن

addition (f)	jam'	جمع
additionner (vt)	jam' kardan	جمع کردن
ajouter (vt)	ezāfe kardan	اضافه کردن
multiplication (f)	zarb	ضرب
multiplier (vt)	zarb kardan	ضرب کردن

7. Les nombres. Divers

chiffre (m)	raqam	رقم
nombre (m)	adad	عدد
adjectif (m) numéral	adadi	عددی
moins (m)	manfi	منفی
plus (m)	mosbat	مثبت
formule (f)	formul	فرمول

calcul (m)	mohāsebe	محاسبه
compter (vt)	šemordan	شمردن
calculer (vt)	mohāsebe kardan	محاسبه کردن
comparer (vt)	moqāyse kardan	مقایسه کردن

Combien?	čeqadr?	چقدر؟
somme (f)	jam'-e kol	جمع کل
résultat (m)	natije	نتیجه
reste (m)	bāqimānde	باقیمانده

quelques …	čand	چند
peu de …	kami	کمی
reste (m)	baqiye	بقیه
un et demi	yek-o nim	یک و نیم
douzaine (f)	dojin	دوجین

en deux (adv)	be do qesmat	به دو قسمت
en parties égales	be tāsavi	به تساوی
moitié (f)	nim	نیم
fois (f)	daf'e	دفعه

8. Les verbes les plus importants. Partie 1

| aider (vt) | komak kardan | کمک کردن |
| aimer (qn) | dust dāštan | دوست داشتن |

aller (à pied)	raftan	رفتن
apercevoir (vt)	motevajjeh šodan	متوجه شدن
appartenir à …	ta'alloq dāštan	تعلق داشتن
appeler (au secours)	komak xāstan	کمک خواستن
attendre (vt)	montazer budan	منتظر بودن
attraper (vt)	gereftan	گرفتن
avertir (vt)	hošdār dādan	هشدار دادن
avoir (vt)	dāštan	داشتن
avoir confiance	etminān kardan	اطمینان کردن
avoir faim	gorosne budan	گرسنه بودن
avoir peur	tarsidan	ترسیدن
avoir soif	tešne budan	تشنه بودن
cacher (vt)	penhān kardan	پنهان کردن
casser (briser)	šekastan	شکستن
cesser (vt)	bas kardan	بس کردن
changer (vt)	avaz kardan	عوض کردن
chasser (animaux)	šekār kardan	شکار کردن
chercher (vt)	jostoju kardan	جستجو کردن
choisir (vt)	entexāb kardan	انتخاب کردن
commander (~ le menu)	sefāreš dādan	سفارش دادن
commencer (vt)	šoru' kardan	شروع کردن
comparer (vt)	moqāyse kardan	مقایسه کردن
comprendre (vt)	fahmidan	فهمیدن
compter (dénombrer)	šemordan	شمردن
compter sur …	hesāb kardan	حساب کردن
confondre (vt)	qāti kardan	قاطی کردن
connaître (qn)	šenāxtan	شناختن
conseiller (vt)	nasihat kardan	نصیحت کردن
continuer (vt)	edāme dādan	ادامه دادن
contrôler (vt)	kontorol kardan	کنترل کردن
courir (vi)	davidan	دویدن
coûter (vt)	qeymat dāštan	قیمت داشتن
créer (vt)	ijād kardan	ایجاد کردن
creuser (vt)	kandan	کندن
crier (vi)	faryād zadan	فریاد زدن

9. Les verbes les plus importants. Partie 2

décorer (~ la maison)	tazyin kardan	تزیین کردن
défendre (vt)	defā' kardan	دفاع کردن
déjeuner (vi)	nāhār xordan	ناهار خوردن
demander (~ l'heure)	porsidan	پرسیدن
demander (de faire qch)	xāstan	خواستن
descendre (vi)	pāyin āmadan	پایین آمدن
deviner (vt)	hads zadan	حدس زدن
dîner (vi)	šām xordan	شام خوردن

dire (vt)	goftan	گفتن
diriger (~ une usine)	edāre kardan	اداره کردن
discuter (vt)	bahs kardan	بحث کردن
donner (vt)	dādan	دادن
donner un indice	sarnax dādan	سرنخ دادن
douter (vt)	šok dāštan	شک داشتن
écrire (vt)	neveštan	نوشتن
entendre (bruit, etc.)	šenidan	شنیدن
entrer (vi)	vāred šodan	وارد شدن
envoyer (vt)	ferestādan	فرستادن
espérer (vi)	omid dāštan	امید داشتن
essayer (vt)	talāš kardan	تلاش کردن
être (vi)	budan	بودن
être d'accord	movāfeqat kardan	موافقت کردن
être nécessaire	hāmi budan	حامی بودن
être pressé	ajale kardan	عجله کردن
étudier (vt)	dars xāndan	درس خواندن
excuser (vt)	baxšidan	بخشیدن
exiger (vt)	darxāst kardan	درخواست کردن
exister (vi)	vojud dāštan	وجود داشتن
expliquer (vt)	touzih dādan	توضیح دادن
faire (vt)	anjām dādan	انجام دادن
faire tomber	andāxtan	انداختن
finir (vt)	be pāyān resāndan	به پایان رساندن
garder (conserver)	hefz kardan	حفظ کردن
gronder, réprimander (vt)	da'va kardan	دعوا کردن
informer (vt)	āgah kardan	آگاه کردن
insister (vi)	esrār kardan	اصرار کردن
insulter (vt)	towhin kardan	توهین کردن
inviter (vt)	da'vat kardan	دعوت کردن
jouer (s'amuser)	bāzi kardan	بازی کردن

10. Les verbes les plus importants. Partie 3

libérer (ville, etc.)	āzād kardan	آزاد کردن
lire (vi, vt)	xāndan	خواندن
louer (prendre en location)	ejāre kardan	اجاره کردن
manquer (l'école)	qāyeb budan	غایب بودن
menacer (vt)	tahdid kardan	تهدید کردن
mentionner (vt)	zekr kardan	ذکر کردن
montrer (vt)	nešān dādan	نشان دادن
nager (vi)	šenā kardan	شنا کردن
objecter (vt)	moxalefat kardan	مخالفت کردن
observer (vt)	mošāhede kardan	مشاهده کردن
ordonner (mil.)	farmān dādan	فرمان دادن
oublier (vt)	farāmuš kardan	فراموش کردن

ouvrir (vt)	bāz kardan	باز کردن
pardonner (vt)	baxšidan	بخشیدن
parler (vi, vt)	harf zadan	حرف زدن

participer à ...	šerekat kardan	شرکت کردن
payer (régler)	pardāxtan	پرداختن
penser (vi, vt)	fekr kardan	فکر کردن
permettre (vt)	ejāze dādan	اجازه دادن
plaire (être apprécié)	dust dāštan	دوست داشتن

plaisanter (vi)	šuxi kardan	شوخی کردن
planifier (vt)	barnāmerizi kardan	برنامه ریزی کردن
pleurer (vi)	gerye kardan	گریه کردن
posséder (vt)	sāheb budan	صاحب بودن
pouvoir (v aux)	tavānestan	توانستن
préférer (vt)	tarjih dādan	ترجیح دادن

prendre (vt)	bardāštan	برداشتن
prendre en note	neveštan	نوشتن
prendre le petit déjeuner	sobhāne xordan	صبحانه خوردن
préparer (le dîner)	poxtan	پختن
prévoir (vt)	pišbini kardan	پیش بینی کردن

prier (~ Dieu)	do'ā kardan	دعا کردن
promettre (vt)	qowl dādan	قول دادن
prononcer (vt)	talaffoz kardan	تلفظ کردن
proposer (vt)	pišnahād dādan	پیشنهاد دادن
punir (vt)	tanbih kardan	تنبیه کردن

11. Les verbes les plus importants. Partie 4

recommander (vt)	towsie kardan	توصیه کردن
regretter (vt)	afsus xordan	افسوس خوردن
répéter (dire encore)	tekrār kardan	تکرار کردن
répondre (vi, vt)	javāb dādan	جواب دادن
réserver (une chambre)	rezerv kardan	رزرو کردن

rester silencieux	sāket māndan	ساکت ماندن
réunir (regrouper)	mottahed kardan	متحد کردن
rire (vi)	xandidan	خندیدن
s'arrêter (vp)	motevaghef šodan	متوقف شدن
s'asseoir (vp)	nešastan	نشستن

sauver (la vie à qn)	najāt dādan	نجات دادن
savoir (qch)	dānestan	دانستن
se baigner (vp)	ābtani kardan	آبتنی کردن
se plaindre (vp)	šekāyat kardan	شکایت کردن
se refuser (vp)	rad kardan	رد کردن

se tromper (vp)	eštebāh kardan	اشتباه کردن
se vanter (vp)	be rox kešidan	به رخ کشیدن
s'étonner (vp)	mote'ajjeb šodan	متعجب شدن
s'excuser (vp)	ozr xāstan	عذر خواستن
signer (vt)	emzā kardan	امضا کردن

signifier (vt)	ma'ni dāštan	معنی داشتن
s'intéresser (vp)	alāqe dāštan	علاقه داشتن
sortir (aller dehors)	birun raftan	بیرون رفتن
sourire (vi)	labxand zadan	لبخند زدن
sous-estimer (vt)	dast-e kam gereftan	دست کم گرفتن

suivre … (suivez-moi)	donbāl kardan	دنبال کردن
tirer (vi)	tirandāzi kardan	تیراندازی کردن
tomber (vi)	oftādan	افتادن
toucher (avec les mains)	lams kardan	لمس کردن
tourner (~ à gauche)	pičidan	پیچیدن

traduire (vt)	tarjome kardan	ترجمه کردن
travailler (vi)	kār kardan	کار کردن
tromper (vt)	farib dādan	فریب دادن
trouver (vt)	peydā kardan	پیدا کردن
tuer (vt)	koštan	کشتن
vendre (vt)	foruxtan	فروختن

venir (vi)	residan	رسیدن
voir (vt)	didan	دیدن
voler (avion, oiseau)	parvāz kardan	پرواز کردن
voler (qch à qn)	dozdidan	دزدیدن
vouloir (vt)	xāstan	خواستن

12. Les couleurs

couleur (f)	rang	رنگ
teinte (f)	teyf-e rang	طیف رنگ
ton (m)	rangmaye	رنگمایه
arc-en-ciel (m)	rangin kamān	رنگین کمان

blanc (adj)	sefid	سفید
noir (adj)	siyāh	سیاه
gris (adj)	xākestari	خاکستری

vert (adj)	sabz	سبز
jaune (adj)	zard	زرد
rouge (adj)	sorx	سرخ

bleu (adj)	abi	آبی
bleu clair (adj)	ābi rowšan	آبی روشن
rose (adj)	surati	صورتی
orange (adj)	nārenji	نارنجی
violet (adj)	banafš	بنفش
brun (adj)	qahve i	قهوه ای

d'or (adj)	talāyi	طلایی
argenté (adj)	noqre i	نقره ای

beige (adj)	baž	بژ
crème (adj)	kerem	کرم
turquoise (adj)	firuze i	فیروزه ای
rouge cerise (adj)	ālbāluyi	آلبالویی

| lilas (adj) | banafš yasi | بنفش یاسی |
| framboise (adj) | zereški | زرشکی |

clair (adj)	rowšan	روشن
foncé (adj)	tire	تیره
vif (adj)	rowšan	روشن

de couleur (adj)	rangi	رنگی
en couleurs (adj)	rangi	رنگی
noir et blanc (adj)	siyāh-o sefid	سیاه و سفید
unicolore (adj)	yek rang	یک رنگ
multicolore (adj)	rangārang	رنگارنگ

13. Les questions

Qui?	če kas-i?	چه کسی؟
Quoi?	če čiz-i?	چه چیزی؟
Où? (~ es-tu?)	kojā?	کجا؟
Où? (~ vas-tu?)	kojā?	کجا؟
D'où?	az kojā?	از کجا؟
Quand?	če vaqt?	چه وقت؟
Pourquoi? (~ es-tu venu?)	čerā?	چرا؟
Pourquoi? (~ t'es pâle?)	čerā?	چرا؟

À quoi bon?	barā-ye če?	برای چه؟
Comment?	četor?	چطور؟
Quel? (à ~ prix?)	kodām?	کدام؟
Lequel?	kodām?	کدام؟

À qui? (pour qui?)	barā-ye ki?	برای کی؟
De qui?	dar bāre-ye ki?	درباره کی؟
De quoi?	darbāre-ye či?	درباره چی؟
Avec qui?	bā ki?	با کی؟

| Combien? | čeqadr? | چقدر؟ |
| À qui? | māl-e ki? | مال کی؟ |

14. Les mots-outils. Les adverbes. Partie 1

Où? (~ es-tu?)	kojā?	کجا؟
ici (c'est ~)	in jā	این جا
là-bas (c'est ~)	ānjā	آنجا

| quelque part (être) | jā-yi | جایی |
| nulle part (adv) | hič kojā | هیچ کجا |

| près de ... | nazdik | نزدیک |
| près de la fenêtre | nazdik panjere | نزدیک پنجره |

Où? (~ vas-tu?)	kojā?	کجا؟
ici (Venez ~)	in jā	این جا
là-bas (j'irai ~)	ānjā	آنجا

d'ici (adv)	az injā	از اینجا
de là-bas (adv)	az ānjā	از آنجا
près (pas loin)	nazdik	نزدیک
loin (adv)	dur	دور
près de (~ Paris)	nazdik	نزدیک
tout près (adv)	nazdik	نزدیک
pas loin (adv)	nazdik	نزدیک
gauche (adj)	čap	چپ
à gauche (être ~)	dast-e čap	دست چپ
à gauche (tournez ~)	be čap	به چپ
droit (adj)	rāst	راست
à droite (être ~)	dast-e rāst	دست راست
à droite (tournez ~)	be rāst	به راست
devant (adv)	jelo	جلو
de devant (adj)	jelo	جلو
en avant (adv)	jelo	جلو
derrière (adv)	aqab	عقب
par derrière (adv)	az aqab	از عقب
en arrière (regarder ~)	aqab	عقب
milieu (m)	vasat	وسط
au milieu (adv)	dar vasat	در وسط
de côté (vue ~)	pahlu	پهلو
partout (adv)	hame ja	همه جا
autour (adv)	atrāf	اطراف
de l'intérieur	az daxel	از داخل
quelque part (aller)	jā-yi	جایی
tout droit (adv)	mostaqim	مستقیم
en arrière (revenir ~)	aqab	عقب
de quelque part (n'import d'où)	az har jā	از هر جا
de quelque part (on ne sait pas d'où)	az yek jā-yi	از یک جایی
premièrement (adv)	avvalan	اولاً
deuxièmement (adv)	dumā	دوما
troisièmement (adv)	sālesan	ثالثاً
soudain (adv)	nāgahān	ناگهان
au début (adv)	dar avval	در اول
pour la première fois	barā-ye avvalin bār	برای اولین بار
bien avant …	xeyli vaqt piš	خیلی وقت پیش
de nouveau (adv)	az now	از نو
pour toujours (adv)	barā-ye hamiše	برای همیشه
jamais (adv)	hič vaqt	هیچ وقت
de nouveau, encore (adv)	dobāre	دوباره

maintenant (adv)	alān	الان
souvent (adv)	aqlab	اغلب
alors (adv)	ān vaqt	آن وقت
d'urgence (adv)	foran	فوراً
d'habitude (adv)	ma'mulan	معمولاً

à propos, ...	rāst-i	راستی
c'est possible	momken ast	ممکن است
probablement (adv)	ehtemālan	احتمالاً
peut-être (adv)	šāyad	شاید
en plus, ...	bealāve	بعلاوه
c'est pourquoi ...	be hamin xāter	به همین خاطر
malgré ...	alāraqm	علیرغم
grâce à ...	be lotf	به لطف

quoi (pron)	če?	چه؟
que (conj)	ke	که
quelque chose (Il m'est arrivé ~)	yek čiz-i	یک چیزی
quelque chose (peut-on faire ~)	yek kāri	یک کاری
rien (m)	hič čiz	هیچ چیز

qui (pron)	ki	کی
quelqu'un (on ne sait pas qui)	yek kas-i	یک کسی
quelqu'un (n'importe qui)	yek kas-i	یک کسی

personne (pron)	hič kas	هیچ کس
nulle part (aller ~)	hič kojā	هیچ کجا
de personne	māl-e hičkas	مال هیچ کس
de n'importe qui	har kas-i	هر کسی

comme ça (adv)	xeyli	خیلی
également (adv)	ham	هم
aussi (adv)	ham	هم

15. Les mots-outils. Les adverbes. Partie 2

Pourquoi?	čerā?	چرا؟
pour une certaine raison	be dalil-i	به دلیلی
parce que ...	čon	چون
pour une raison quelconque	barā-ye maqsudi	برای مقصودی

et (conj)	va	و
ou (conj)	yā	یا
mais (conj)	ammā	اما
pour ... (prep)	barā-ye	برای

trop (adv)	besyār	بسیار
seulement (adv)	faqat	فقط
précisément (adv)	daqiqan	دقیقا
près de ... (prep)	taqriban	تقریباً
approximativement	taqriban	تقریباً
approximatif (adj)	taqribi	تقریبی

| presque (adv) | taqriban | تقریباً |
| reste (m) | baqiye | بقیه |

l'autre (adj)	digar	دیگر
autre (adj)	digar	دیگر
chaque (adj)	har	هر
n'importe quel (adj)	har	هر
beaucoup (adv)	ziyād	زیاد
plusieurs (pron)	besyāri	بسیاری
tous	hame	همه

en échange de ...	dar avaz	در عوض
en échange (adv)	dar barābar	در برابر
à la main (adv)	dasti	دستی
peu probable (adj)	baid ast	بعید است

probablement (adv)	ehtemālan	احتمالاً
exprès (adv)	amdan	عمداً
par accident (adv)	tasādofi	تصادفی

très (adv)	besyār	بسیار
par exemple (adv)	masalan	مثلاً
entre (prep)	beyn	بین
parmi (prep)	miyān	میان
autant (adv)	in qadr	این قدر
surtout (adv)	maxsusan	مخصوصاً

Concepts de base. Partie 2

16. Les jours de la semaine

lundi (m)	došanbe	دوشنبه
mardi (m)	se šanbe	سه شنبه
mercredi (m)	čāhāršanbe	چهارشنبه
jeudi (m)	panj šanbe	پنج شنبه
vendredi (m)	jom'e	جمعه
samedi (m)	šanbe	شنبه
dimanche (m)	yek šanbe	یک شنبه
aujourd'hui (adv)	emruz	امروز
demain (adv)	fardā	فردا
après-demain (adv)	pas fardā	پس فردا
hier (adv)	diruz	دیروز
avant-hier (adv)	pariruz	پریروز
jour (m)	ruz	روز
jour (m) ouvrable	ruz-e kāri	روز کاری
jour (m) férié	ruz-e jašn	روز جشن
jour (m) de repos	ruz-e ta'til	روز تعطیل
week-end (m)	āxar-e hafte	آخر هفته
toute la journée	tamām-e ruz	تمام روز
le lendemain	ruz-e ba'd	روز بعد
il y a 2 jours	do ruz-e piš	دو روز پیش
la veille	ruz-e qabl	روز قبل
quotidien (adj)	ruzāne	روزانه
tous les jours	har ruz	هر روز
semaine (f)	hafte	هفته
la semaine dernière	hafte-ye gozašte	هفته گذشته
la semaine prochaine	hafte-ye āyande	هفته آینده
hebdomadaire (adj)	haftegi	هفتگی
chaque semaine	har hafte	هر هفته
2 fois par semaine	do bār dar hafte	دو بار درهفته
tous les mardis	har sešanbe	هر سه شنبه

17. Les heures. Le jour et la nuit

matin (m)	sobh	صبح
le matin	sobh	صبح
midi (m)	zohr	ظهر
dans l'après-midi	ba'd az zohr	بعد ازظهر
soir (m)	asr	عصر
le soir	asr	عصر

nuit (f)	šab	شب
la nuit	šab	شب
minuit (f)	nesfe šab	نصفه شب

seconde (f)	sānie	ثانیه
minute (f)	daqiqe	دقیقه
heure (f)	sā'at	ساعت
demi-heure (f)	nim sā'at	نیم ساعت
un quart d'heure	yek rob'	یک ربع
quinze minutes	pānzdah daqiqe	پانزده دقیقه
vingt-quatre heures	šabāne ruz	شبانه روز

lever (m) du soleil	tolu-'e āftāb	طلوع آفتاب
aube (f)	sahar	سحر
point (m) du jour	sobh-e zud	صبح زود
coucher (m) du soleil	qorub	غروب

tôt le matin	sobh-e zud	صبح زود
ce matin	emruz sobh	امروز صبح
demain matin	fardā sobh	فردا صبح
cet après-midi	emruz zohr	امروز ظهر
dans l'après-midi	ba'd az zohr	بعد ازظهر
demain après-midi	fardā ba'd az zohr	فردا بعد ازظهر
ce soir	emšab	امشب
demain soir	fardā šab	فردا شب

à 3 heures précises	sar-e sā'at-e se	سر ساعت ۳
autour de 4 heures	nazdik-e sā'at-e čāhār	نزدیک ساعت ۴
vers midi	nazdik zohr	نزدیک ظهر

dans 20 minutes	bist daqiqe-ye digar	۲۰ دقیقه دیگر
dans une heure	yek sā'at-e digar	یک ساعت دیگر
à temps	be moqe'	به موقع

... moins le quart	yek rob' be	یک ربع به
en une heure	yek sā'at-e digar	یک ساعت دیگر
tous les quarts d'heure	har pānzdah daqiqe	هر ۵۱ دقیقه
24 heures sur 24	šabāne ruz	شبانه روز

18. Les mois. Les saisons

janvier (m)	žānvie	ژانویه
février (m)	fevriye	فوریه
mars (m)	mārs	مارس
avril (m)	āvril	آوریل
mai (m)	meh	مه
juin (m)	žuan	ژوئن

juillet (m)	žuiye	ژوئیه
août (m)	owt	اوت
septembre (m)	septāmbr	سپتامبر
octobre (m)	oktobr	اکتبر
novembre (m)	novāmbr	نوامبر
décembre (m)	desāmr	دسامبر

printemps (m)	bahār	بهار
au printemps	dar bahār	در بهار
de printemps (adj)	bahāri	بهاری
été (m)	tābestān	تابستان
en été	dar tābestān	در تابستان
d'été (adj)	tābestāni	تابستانی
automne (m)	pāyiz	پاییز
en automne	dar pāyiz	در پاییز
d'automne (adj)	pāyizi	پاییزی
hiver (m)	zemestān	زمستان
en hiver	dar zemestān	در زمستان
d'hiver (adj)	zemestāni	زمستانی
mois (m)	māh	ماه
ce mois	in māh	این ماه
le mois prochain	māh-e āyande	ماه آینده
le mois dernier	māh-e gozašte	ماه گذشته
il y a un mois	yek māh qabl	یک ماه قبل
dans un mois	yek māh digar	یک ماه دیگر
dans 2 mois	do māh-e digar	۲ ماه دیگر
tout le mois	tamām-e māh	تمام ماه
tout un mois	tamām-e māh	تمام ماه
mensuel (adj)	māhāne	ماهانه
mensuellement	māhāne	ماهانه
chaque mois	har māh	هر ماه
2 fois par mois	do bār dar māh	دو بار درماه
année (f)	sāl	سال
cette année	emsāl	امسال
l'année prochaine	sāl-e āyande	سال آینده
l'année dernière	sāl-e gozašte	سال گذشته
il y a un an	yek sāl qabl	یک سال قبل
dans un an	yek sāl-e digar	یک سال دیگر
dans 2 ans	do sāl-e digar	۲ سال دیگر
toute l'année	tamām-e sāl	تمام سال
toute une année	tamām-e sāl	تمام سال
chaque année	har sāl	هر سال
annuel (adj)	sālāne	سالانه
annuellement	sālāne	سالانه
4 fois par an	čāhār bār dar sāl	چهار بار در سال
date (f) (jour du mois)	tārix	تاریخ
date (f) (~ mémorable)	tārix	تاریخ
calendrier (m)	taqvim	تقویم
six mois	nim sāl	نیم سال
semestre (m)	nim sāl	نیم سال
saison (f)	fasl	فصل
siècle (m)	qarn	قرن

19. La notion de temps. Divers

temps (m)	zamān	زمان
moment (m)	lahze	لحظه
instant (m)	lahze	لحظه
instantané (adj)	āni	آنی
laps (m) de temps	baxši az zamān	بخشی از زمان
vie (f)	zendegi	زندگی
éternité (f)	abadiyat	ابدیت
époque (f)	asr	عصر
ère (f)	dowre	دوره
cycle (m)	čarxe	چرخه
période (f)	dowre	دوره
délai (m)	mohlat	مهلت
avenir (m)	āyande	آینده
prochain (adj)	āyande	آینده
la fois prochaine	daf'e-ye ba'd	دفعه بعد
passé (m)	gozašte	گذشته
passé (adj)	gozašte	گذشته
la fois passée	daf'e-ye gozašte	دفعه گذشته
plus tard (adv)	ba'dan	بعداً
après (prep)	ba'd az	بعد از
à présent (adv)	aknun	اکنون
maintenant (adv)	alān	الان
immédiatement	foran	فوراً
bientôt (adv)	be zudi	به زودی
d'avance (adv)	az qabl	از قبل
il y a longtemps	moddathā piš	مدت ها پیش
récemment (adv)	axiran	اخیراً
destin (m)	sarnevešt	سرنوشت
souvenirs (m pl)	xāterāt	خاطرات
archives (f pl)	āršiv	آرشیو
pendant ... (prep)	dar zamān	در زمان
longtemps (adv)	tulāni	طولانی
pas longtemps (adv)	kutāh	کوتاه
tôt (adv)	zud	زود
tard (adv)	dir	دیر
pour toujours (adv)	barā-ye hamiše	برای همیشه
commencer (vt)	šoru' kardan	شروع کردن
reporter (retarder)	mowkul kardan	موکول کردن
en même temps (adv)	ham zamān	هم زمان
en permanence (adv)	dāemi	دائمی
constant (bruit, etc.)	dāemi	دائمی
temporaire (adj)	movaqqati	موقتی
parfois (adv)	gāh-i	گاهی
rarement (adv)	be nodrat	به ندرت
souvent (adv)	aqlab	اغلب

20. Les contraires

Français	Persan (translittération)	Persan
riche (adj)	servatmand	ثروتمند
pauvre (adj)	faqir	فقیر
malade (adj)	bimār	بیمار
en bonne santé	sālem	سالم
grand (adj)	bozorg	بزرگ
petit (adj)	kučak	کوچک
vite (adv)	sari'	سریع
lentement (adv)	āheste	آهسته
rapide (adj)	sari'	سریع
lent (adj)	āheste	آهسته
joyeux (adj)	xošhāl	خوشحال
triste (adj)	qamgin	غمگین
ensemble (adv)	bāham	باهم
séparément (adv)	jodāgāne	جداگانه
à haute voix	boland	بلند
en silence	be ārāmi	به آرامی
haut (adj)	boland	بلند
bas (adj)	kutāh	کوتاه
profond (adj)	amiq	عمیق
peu profond (adj)	sathi	سطحی
oui (adv)	bale	بله
non (adv)	neh	نه
lointain (adj)	dur	دور
proche (adj)	nazdik	نزدیک
loin (adv)	dur	دور
près (adv)	nazdik	نزدیک
long (adj)	derāz	دراز
court (adj)	kutāh	کوتاه
bon (au bon cœur)	mehrbān	مهربان
méchant (adj)	badjens	بدجنس
marié (adj)	mote'ahhel	متاهل
célibataire (adj)	mojarrad	مجرد
interdire (vt)	mamnu' kardan	ممنوع کردن
permettre (vt)	ejāze dādan	اجازه دادن
fin (f)	pāyān	پایان
début (m)	šoru'	شروع

| gauche (adj) | čap | چپ |
| droit (adj) | rāst | راست |

| premier (adj) | avvalin | اولین |
| dernier (adj) | āxarin | آخرین |

| crime (m) | jenāyat | جنایت |
| punition (f) | mojāzāt | مجازات |

| ordonner (vt) | farmān dādan | فرمان دادن |
| obéir (vt) | etā'at kardan | اطاعت کردن |

| droit (adj) | mostaqim | مستقیم |
| courbé (adj) | monhani | منحنی |

| paradis (m) | behešt | بهشت |
| enfer (m) | jahannam | جهنم |

| naître (vi) | motevalled šodan | متولد شدن |
| mourir (vi) | mordan | مردن |

| fort (adj) | nirumand | نیرومند |
| faible (adj) | za'if | ضعیف |

| vieux (adj) | kohne | کهنه |
| jeune (adj) | javān | جوان |

| vieux (adj) | qadimi | قدیمی |
| neuf (adj) | jadid | جدید |

| dur (adj) | soft | سفت |
| mou (adj) | narm | نرم |

| chaud (tiède) | garm | گرم |
| froid (adj) | sard | سرد |

| gros (adj) | čāq | چاق |
| maigre (adj) | lāqar | لاغر |

| étroit (adj) | bārik | باریک |
| large (adj) | vasi' | وسیع |

| bon (adj) | xub | خوب |
| mauvais (adj) | bad | بد |

| vaillant (adj) | šojā' | شجاع |
| peureux (adj) | tarsu | ترسو |

21. Les lignes et les formes

carré (m)	morabba'	مربع
carré (adj)	morabba'	مربع
cercle (m)	dāyere	دایره
rond (adj)	gard	گرد

triangle (m)	mosallas	مثلث
triangulaire (adj)	mosallasi	مثلثی
ovale (m)	beyzi	بیضی
ovale (adj)	beyzi	بیضی
rectangle (m)	mostatil	مستطیل
rectangulaire (adj)	mostatil	مستطیل
pyramide (f)	heram	هرم
losange (m)	lowz-i	لوزی
trapèze (m)	zuzanaqe	ذوزنقه
cube (m)	moka'ab	مکعب
prisme (m)	manšur	منشور
circonférence (f)	mohit-e monhani	محیط منحنی
sphère (f)	kare	کره
globe (m)	kare	کره
diamètre (m)	qotr	قطر
rayon (m)	šo'ā'	شعاع
périmètre (m)	mohit	محیط
centre (m)	markaz	مرکز
horizontal (adj)	ofoqi	افقی
vertical (adj)	amudi	عمودی
parallèle (f)	movāzi	موازی
parallèle (adj)	movāzi	موازی
ligne (f)	xat	خط
trait (m)	xat	خط
ligne (f) droite	xatt-e mostaqim	خط مستقیم
courbe (f)	monhani	منحنی
fin (une ~ ligne)	nāzok	نازک
contour (m)	borun namā	برون نما
intersection (f)	taqāto'	تقاطع
angle (m) droit	zāvie-ye qāem	زاویه قائم
segment (m)	qet'e	قطعه
secteur (m)	baxš	بخش
côté (m)	taraf	طرف
angle (m)	zāvie	زاویه

22. Les unités de mesure

poids (m)	vazn	وزن
longueur (f)	tul	طول
largeur (f)	arz	عرض
hauteur (f)	ertefā'	ارتفاع
profondeur (f)	omq	عمق
volume (m)	hajm	حجم
aire (f)	masāhat	مساحت
gramme (m)	garm	گرم
milligramme (m)	mili geram	میلی گرم

kilogramme (m)	kilugeram	کیلوگرم
tonne (f)	ton	تن
livre (f)	pond	پوند
once (f)	ons	اونس
mètre (m)	metr	متر
millimètre (m)	mili metr	میلی متر
centimètre (m)	sāntimetr	سانتیمتر
kilomètre (m)	kilumetr	کیلومتر
mille (m)	māyel	مایل
pouce (m)	inč	اینچ
pied (m)	fowt	فوت
yard (m)	yārd	یارد
mètre (m) carré	metr morabba‘	متر مربع
hectare (m)	hektār	هکتار
litre (m)	litr	لیتر
degré (m)	daraje	درجه
volt (m)	volt	ولت
ampère (m)	āmper	آمپر
cheval-vapeur (m)	asb-e boxār	اسب بخار
quantité (f)	meqdār	مقدار
un peu de …	kami	کمی
moitié (f)	nim	نیم
douzaine (f)	dojin	دوجین
pièce (f)	tā	تا
dimension (f)	andāze	اندازه
échelle (f) (de la carte)	meqyās	مقیاس
minimal (adj)	haddeaqal	حداقل
le plus petit (adj)	kučaktarin	کوچکترین
moyen (adj)	motevasset	متوسط
maximal (adj)	haddeaksar	حداکثر
le plus grand (adj)	bištarin	بیشترین

23. Les récipients

bocal (m) en verre	šišeh konserv	شیشه کنسرو
boîte, canette (f)	quti	قوطی
seau (m)	satl	سطل
tonneau (m)	boške	بشکه
bassine, cuvette (f)	tašt	تشت
cuve (f)	maxzan	مخزن
flasque (f)	qomqome	قمقمه
jerrican (m)	dabbe	دبه
citerne (f)	maxzan	سطرن
tasse (f), mug (m)	livān	لیوان
tasse (f)	fenjān	فنجان

soucoupe (f)	na'lbeki	نعلبکی
verre (m) (~ d'eau)	estekān	استکان
verre (m) à vin	gilās-e šarāb	گیلاس شراب
faitout (m)	qāblame	قابلمه

bouteille (f)	botri	بطری
goulot (m)	gardan-e botri	گردن بطری

carafe (f)	tong	تنگ
pichet (m)	pārč	پارچ
récipient (m)	zarf	ظرف
pot (m)	sofāl	سفال
vase (m)	goldān	گلدان

flacon (m)	botri	بطری
fiole (f)	viyāl	ویال
tube (m)	tiyub	تیوب

sac (m) (grand ~)	kise	کیسه
sac (m) (~ en plastique)	pākat	پاکت
paquet (m) (~ de cigarettes)	baste	بسته

boîte (f)	ja'be	جعبه
caisse (f)	sanduq	صندوق
panier (m)	sabad	سبد

24. Les matériaux

matériau (m)	mādde	ماده
bois (m)	deraxt	درخت
en bois (adj)	čubi	چوبی

verre (m)	šiše	شیشه
en verre (adj)	šiše i	شیشه ای

pierre (f)	sang	سنگ
en pierre (adj)	sangi	سنگی

plastique (m)	pelāstik	پلاستیک
en plastique (adj)	pelāstiki	پلاستیکی

caoutchouc (m)	lāstik	لاستیک
en caoutchouc (adj)	lāstiki	لاستیکی

tissu (m)	pārče	پارچه
en tissu (adj)	pārče-i	پارچه ی

papier (m)	kāqaz	کاغذ
de papier (adj)	kāqazi	کاغذی

carton (m)	kārton	کارتن
en carton (adj)	kārtoni	کارتونی
polyéthylène (m)	polietilen	پلیاتیلن
cellophane (f)	solofān	سلوفان

| linoléum (m) | linoleom | لینولئوم |
| contreplaqué (m) | taxte-ye čand lāyi | تخته چند لایی |

porcelaine (f)	čini	چینی
de porcelaine (adj)	čini	چینی
argile (f)	xāk-e ros	خاک رس
de terre cuite (adj)	sofāli	سفالی
céramique (f)	serāmik	سرامیک
en céramique (adj)	serāmiki	سرامیکی

25. Les métaux

métal (m)	felez	فلز
métallique (adj)	felezi	فلزی
alliage (m)	ālyiāž	آلیاژ

or (m)	talā	طلا
en or (adj)	talā	طلا
argent (m)	noqre	نقره
en argent (adj)	noqre	نقره

fer (m)	āhan	آهن
en fer (adj)	āhani	آهنی
acier (m)	fulād	فولاد
en acier (adj)	fulādi	فولادی
cuivre (m)	mes	مس
en cuivre (adj)	mesi	مسی

aluminium (m)	ālominiyom	آلومینیوم
en aluminium (adj)	ālominiyomi	آلومینیومی
bronze (m)	boronz	برنز
en bronze (adj)	boronzi	برنزی

laiton (m)	berenj	برنج
nickel (m)	nikel	نیکل
platine (f)	pelātin	پلاتین
mercure (m)	jive	جیوه
étain (m)	qal'	قلع
plomb (m)	sorb	سرب
zinc (m)	ruy	روی

L'HOMME

L'homme. Le corps humain

26. L'homme. Notions fondamentales

être (m) humain	ensān	انسان
homme (m)	mard	مرد
femme (f)	zan	زن
enfant (m, f)	kudak	کودک
fille (f)	doxtar	دختر
garçon (m)	pesar bače	پسر بچه
adolescent (m)	nowjavān	نوجوان
vieillard (m)	pirmard	پیرمرد
vieille femme (f)	pirzan	پیرزن

27. L'anatomie humaine

organisme (m)	orgānism	ارگانیسم
cœur (m)	qalb	قلب
sang (m)	xun	خون
artère (f)	sorxrag	سرخرگ
veine (f)	siyāhrag	سیاهرگ

cerveau (m)	maqz	مغز
nerf (m)	asab	عصب
nerfs (m pl)	a'sāb	اعصاب
vertèbre (f)	mohre	مهره
colonne (f) vertébrale	sotun-e faqarāt	ستون فقرات

estomac (m)	me'de	معده
intestins (m pl)	rude	روده
intestin (m)	rude	روده
foie (m)	kabed	کبد
rein (m)	kolliye	کلیه

os (m)	ostexān	استخوان
squelette (f)	eskelet	اسکلت
côte (f)	dande	دنده
crâne (m)	jomjome	جمجمه

muscle (m)	azole	عضله
biceps (m)	azole-ye dosar	عضلهٔ دوسر
triceps (m)	azole-ye se sar	عضلهٔ سه سر
tendon (m)	tāndon	تاندون
articulation (f)	mofassal	مفصل

poumons (m pl)	rie	ريه
organes (m pl) génitaux	andām hā-ye tanāsol-i	اندام های تناسلی
peau (f)	pust	پوست

28. La tête

tête (f)	sar	سر
visage (m)	surat	صورت
nez (m)	bini	بینی
bouche (f)	dahān	دهان

œil (m)	češm	چشم
les yeux	češm-hā	چشم ها
pupille (f)	mardomak	مردمک
sourcil (m)	abru	ابرو
cil (m)	može	مژه
paupière (f)	pelek	پلک

langue (f)	zabān	زبان
dent (f)	dandān	دندان
lèvres (f pl)	lab-hā	لب ها
pommettes (f pl)	ostexānhā-ye gune	استخوان های گونه
gencive (f)	lase	لثه
palais (m)	saqf-e dahān	سقف دهان

narines (f pl)	surāxhā-ye bini	سوراخ های بینی
menton (m)	čāne	چانه
mâchoire (f)	fak	فک
joue (f)	gune	گونه

front (m)	pišāni	پیشانی
tempe (f)	gijgāh	گیجگاه
oreille (f)	guš	گوش
nuque (f)	pas gardan	پس گردن
cou (m)	gardan	گردن
gorge (f)	galu	گلو

cheveux (m pl)	mu-hā	مو ها
coiffure (f)	model-e mu	مدل مو
coupe (f)	model-e mu	مدل مو
perruque (f)	kolāh-e gis	کلاه گیس

moustache (f)	sebil	سبیل
barbe (f)	riš	ریش
porter (~ la barbe)	gozāštan	گذاشتن
tresse (f)	muy-e bāfte	موی بافته
favoris (m pl)	xatt-e riš	خط ریش

roux (adj)	muqermez	موقرمز
gris, grisonnant (adj)	sefid-e mu	سفید مو
chauve (adj)	tās	طاس
calvitie (f)	tāsi	طاسی
queue (f) de cheval	dom-e asbi	دم اسبی
frange (f)	čatri	چتری

29. Le corps humain

main (f)	dast	دست
bras (m)	bāzu	بازو
doigt (m)	angošt	انگشت
orteil (m)	šast-e pā	شصت پا
pouce (m)	šost	شست
petit doigt (m)	angošt-e kučak	انگشت کوچک
ongle (m)	nāxon	ناخن
poing (m)	mošt	مشت
paume (f)	kaf-e dast	کف دست
poignet (m)	moč-e dast	مچ دست
avant-bras (m)	sā'ed	ساعد
coude (m)	āranj	آرنج
épaule (f)	ketf	کتف
jambe (f)	pā	پا
pied (m)	pā	پا
genou (m)	zānu	زانو
mollet (m)	sāq	ساق
hanche (f)	rān	ران
talon (m)	pāšne-ye pā	پاشنۀ پا
corps (m)	badan	بدن
ventre (m)	šekam	شکم
poitrine (f)	sine	سینه
sein (m)	sine	سینه
côté (m)	pahlu	پهلو
dos (m)	pošt	پشت
reins (région lombaire)	kamar	کمر
taille (f) (~ de guêpe)	dur-e kamar	دور کمر
nombril (m)	nāf	ناف
fesses (f pl)	nešiman-e gāh	نشیمن گاه
derrière (m)	bāsan	باسن
grain (m) de beauté	xāl	خال
tache (f) de vin	xāl-e mādarzād	خال مادرزاد
tatouage (m)	xāl kubi	خال کوبی
cicatrice (f)	jā-ye zaxm	جای زخم

Les vêtements & les accessoires

30. Les vêtements d'extérieur

vêtement (m)	lebās	لباس
survêtement (m)	lebās-e ru	لباس رو
vêtement (m) d'hiver	lebās-e zemestāni	لباس زمستانی
manteau (m)	pāltow	پالتو
manteau (m) de fourrure	pālto-ye pustin	پالتوی پوستین
veste (f) de fourrure	kot-e pustin	کت پوستین
manteau (m) de duvet	kāpšan	کاپشن
veste (f) (~ en cuir)	kot	کت
imperméable (m)	bārāni	بارانی
imperméable (adj)	zed-e āb	ضد آب

31. Les vêtements

chemise (f)	pirāhan	پیراهن
pantalon (m)	šalvār	شلوار
jean (m)	jin	جین
veston (m)	kot	کت
complet (m)	kat-o šalvār	کت و شلوار
robe (f)	lebās	لباس
jupe (f)	dāman	دامن
chemisette (f)	boluz	بلوز
veste (f) en laine	jeliqe-ye kešbāf	جلیقه کشباف
jaquette (f), blazer (m)	kot	کت
tee-shirt (m)	tey šarr-at	تی شرت
short (m)	šalvarak	شلوارک
costume (m) de sport	lebās-e varzeši	لباس ورزشی
peignoir (m) de bain	howle-ye hamām	حوله حمام
pyjama (m)	pižāme	پیژامه
chandail (m)	poliver	پلیور
pull-over (m)	poliver	پلیور
gilet (m)	jeliqe	جلیقه
queue-de-pie (f)	kat-e dāman gerd	کت دامن گرد
smoking (m)	esmoking	اسموکینگ
uniforme (m)	oniform	اونیفورم
tenue (f) de travail	lebās-e kār	لباس کار
salopette (f)	rupuš	روپوش
blouse (f) (d'un médecin)	rupuš	روپوش

32. Les sous-vêtements

sous-vêtements (m pl)	lebās-e zir	لباس زیر
boxer (m)	šort-e bākser	شورت باکسر
slip (m) de femme	šort-e zanāne	شورت زنانه
maillot (m) de corps	zir-e pirāhan-i	زیر پیراهنی
chaussettes (f pl)	jurāb	جوراب
chemise (f) de nuit	lebās-e xāb	لباس خواب
soutien-gorge (m)	sine-ye band	سینه بند
chaussettes (f pl) hautes	sāq	ساق
collants (m pl)	jurāb-e šalvāri	جوراب شلواری
bas (m pl)	jurāb-e sāqeboland	جوراب ساقه بلند
maillot (m) de bain	māyo	مایو

33. Les chapeaux

chapeau (m)	kolāh	کلاه
chapeau (m) feutre	šāpo	شاپو
casquette (f) de base-ball	kolāh beysbāl	کلاه بیس بال
casquette (f)	kolāh-e taxt	کلاه تخت
béret (m)	kolāh barre	کلاه بره
capuche (f)	kolāh-e bārāni	کلاه بارانی
panama (m)	kolāh-e dowre-ye boland	کلاه دوره بلند
bonnet (m) de laine	kolāh-e bāftani	کلاه بافتنی
foulard (m)	rusari	روسری
chapeau (m) de femme	kolāh-e zanāne	کلاه زنانه
casque (m) (d'ouvriers)	kolāh-e imeni	کلاه ایمنی
calot (m)	kolāh-e pādegān	کلاه پادگان
casque (m) (~ de moto)	kolāh-e imeni	کلاه ایمنی
melon (m)	kolāh-e namadi	کلاه نمدی
haut-de-forme (m)	kolāh-e ostovānei	کلاه استوانه ای

34. Les chaussures

chaussures (f pl)	kafš	کفش
bottines (f pl)	putin	پوتین
souliers (m pl) (~ plats)	kafš	کفش
bottes (f pl)	čakme	چکمه
chaussons (m pl)	dampāyi	دمپایی
tennis (m pl)	kafš katān-i	کفش کتانی
baskets (f pl)	kafš katān-i	کفش کتانی
sandales (f pl)	sandal	صندل
cordonnier (m)	kaffāš	کفاش
talon (m)	pāšne-ye kafš	پاشنۀ کفش

paire (f)	yek joft	یک جفت
lacet (m)	band-e kafš	بند کفش
lacer (vt)	band-e kafš bastan	بند کفش بستن
chausse-pied (m)	pāšne keš	پاشنه کش
cirage (m)	vāks	واکس

35. Le textile. Les tissus

coton (m)	panbe	پنبه
de coton (adj)	panbe i	پنبه ای
lin (m)	katān	کتان
de lin (adj)	katāni	کتانی

soie (f)	abrišam	ابریشم
de soie (adj)	abrišami	ابریشمی
laine (f)	pašm	پشم
en laine (adj)	pašmi	پشمی

velours (m)	maxmal	مخمل
chamois (m)	jir	جیر
velours (m) côtelé	maxmal-e kebriti	مخمل کبریتی

nylon (m)	nāylon	نایلون
en nylon (adj)	nāyloni	نایلونی
polyester (m)	poliester	پلی‌استر
en polyester (adj)	poliester	پلیاستر

cuir (m)	čarm	چرم
en cuir (adj)	čarmi	چرمی
fourrure (f)	xaz	خز
en fourrure (adj)	xaz	خز

36. Les accessoires personnels

gants (m pl)	dastkeš	دستکش
moufles (f pl)	dastkeš-e yek angošti	دستکش یک انگشتی
écharpe (f)	šāl-e gardan	شال گردن

lunettes (f pl)	eynak	عینک
monture (f)	qāb	قاب
parapluie (m)	čatr	چتر
canne (f)	asā	عصا
brosse (f) â cheveux	bores-e mu	برس مو
éventail (m)	bādbezan	بادبزن

cravate (f)	kerāvāt	کراوات
nœud papillon (m)	pāpiyon	پاپیون
bretelles (f pl)	band šalvār	بند شلوار
mouchoir (m)	dastmāl	دستمال

| peigne (m) | šāne | شانه |
| barrette (f) | sanjāq-e mu | سنجاق مو |

| épingle (f) à cheveux | sanjāq-e mu | سنجاق مو |
| boucle (f) | sagak | سگک |

| ceinture (f) | kamarband | کمربند |
| bandoulière (f) | tasme | تسمه |

sac (m)	keyf	کیف
sac (m) à main	keyf-e zanāne	کیف زنانه
sac (m) à dos	kule pošti	کوله پشتی

37. Les vêtements. Divers

mode (f)	mod	مد
à la mode (adj)	mod	مد
couturier, créateur de mode	tarrāh-e lebas	طراح لباس

col (m)	yaqe	یقه
poche (f)	jib	جیب
de poche (adj)	jibi	جیبی
manche (f)	āstin	آستین
bride (f)	band-e āviz	بند آویز
braguette (f)	zip	زیپ

fermeture (f) à glissière	zip	زیپ
agrafe (f)	sagak	سگک
bouton (m)	dokme	دکمه
boutonnière (f)	surāx-e dokme	سوراخ دکمه
s'arracher (bouton)	kande šodan	کنده شدن

coudre (vi, vt)	duxtan	دوختن
broder (vt)	golduzi kardan	گلدوزی کردن
broderie (f)	golduzi	گلدوزی
aiguille (f)	suzan	سوزن
fil (m)	nax	نخ
couture (f)	darz	درز

se salir (vp)	kasif šodan	کثیف شدن
tache (f)	lakke	لکه
se froisser (vp)	čoruk šodan	چروک شدن
déchirer (vt)	pāre kardan	پاره کردن
mite (f)	šab parre	شب پره

38. L'hygiène corporelle. Les cosmétiques

dentifrice (m)	xamir-e dandān	خمیر دندان
brosse (f) à dents	mesvāk	مسواک
se brosser les dents	mesvāk zadan	مسواک زدن

rasoir (m)	tiq	تیغ
crème (f) à raser	kerem-e riš tarāši	کرم ریش تراشی
se raser (vp)	riš tarāšidan	ریش تراشیدن
savon (m)	sābun	صابون

shampooing (m)	šāmpu	شامپو
ciseaux (m pl)	qeyči	قیچی
lime (f) â ongles	sohan-e nāxon	سوهان ناخن
pinces (f pl) â ongles	nāxon gir	ناخن گیر
pince (f) â épiler	mučin	موچین

produits (m pl) de beauté	lavāzem-e ārāyeši	لوازم آرایشی
masque (m) de beauté	māsk	ماسک
manucure (f)	mānikur	مانیکور
se faire les ongles	mānikur kardan	مانیکور کردن
pédicurie (f)	pedikur	پدیکور

trousse (f) de toilette	kife lavāzem-e ārāyeši	کیف لوازم آرایشی
poudre (f)	pudr	پودر
poudrier (m)	ja'be-ye pudr	جعبۀ پودر
fard (m) â joues	sorxāb	سرخاب

parfum (m)	atr	عطر
eau (f) de toilette	atr	عطر
lotion (f)	losiyon	لوسیون
eau de Cologne (f)	odkolon	اودکلن

fard (m) â paupières	sāye-ye češm	سایه چشم
crayon (m) â paupières	medād čašm	مداد چشم
mascara (m)	rimel	ریمل

rouge (m) â lèvres	mātik	ماتیک
vernis (m) â ongles	lāk-e nāxon	لاک ناخن
laque (f) pour les cheveux	esperey-ye mu	اسپری مو
déodorant (m)	deodyrant	دئودورانت

crème (f)	kerem	کرم
crème (f) pour le visage	kerem-e surat	کرم صورت
crème (f) pour les mains	kerem-e dast	کرم دست
crème (f) anti-rides	kerem-e zedd-e čoruk	کرم ضد چروک
crème (f) de jour	kerem-e ruz	کرم روز
crème (f) de nuit	kerem-e šab	کرم شب
de jour (adj)	ruzāne	روزانه
de nuit (adj)	šab	شب

tampon (m)	tāmpon	تامپون
papier (m) de toilette	kāqaz-e tuālet	کاغذ توالت
sèche-cheveux (m)	sešovār	سشوار

39. Les bijoux. La bijouterie

bijoux (m pl)	javāherāt	جواهرات
précieux (adj)	qeymati	قیمتی
poinçon (m)	ayār	عیار

bague (f)	angoštar	انگشتر
alliance (f)	halqe	حلقه
bracelet (m)	alangu	النگو
boucles (f pl) d'oreille	gušvāre	گوشواره

collier (m) (de perles)	gardan band	گردن بند
couronne (f)	tāj	تاج
collier (m) (en verre, etc.)	gardan band	گردن بند

diamant (m)	almās	الماس
émeraude (f)	zomorrod	زمرد
rubis (m)	yāqut	یاقوت
saphir (m)	yāqut-e kabud	یاقوت کبود
perle (f)	morvārid	مروارید
ambre (m)	kahrobā	کهربا

40. Les montres. Les horloges

montre (f)	sā'at-e moči	ساعت مچی
cadran (m)	safhe-ye sā'at	صفحهٔ ساعت
aiguille (f)	aqrabe	عقربه
bracelet (m)	band-e sāat	بند ساعت
bracelet (m) (en cuir)	band-e čarmi	بند چرمی

pile (f)	bātri	باطری
être déchargé	tamām šodan bātri	تمام شدن باتری
changer de pile	bātri avaz kardan	باطری عوض کردن
avancer (vi)	jelo oftādan	جلو افتادن
retarder (vi)	aqab māndan	عقب ماندن

pendule (f)	sā'at-e divāri	ساعت دیواری
sablier (m)	sā'at-e šeni	ساعت شنی
cadran (m) solaire	sā'at-e āftābi	ساعت آفتابی
réveil (m)	sā'at-e zang dār	ساعت زنگ دار
horloger (m)	sā'at sāz	ساعت ساز
réparer (vt)	ta'mir kardan	تعمیر کردن

Les aliments. L'alimentation

41. Les aliments

viande (f)	gušt	گوشت
poulet (m)	morq	مرغ
poulet (m) (poussin)	juje	جوجه
canard (m)	ordak	اردک
oie (f)	qāz	غاز
gibier (m)	gušt-e šekār	گوشت شکار
dinde (f)	gušt-e buqalamun	گوشت بوقلمون
du porc	gušt-e xuk	گوشت خوک
du veau	gušt-e gusāle	گوشت گوساله
du mouton	gušt-e gusfand	گوشت گوسفند
du bœuf	gušt-e gāv	گوشت گاو
lapin (m)	xarguš	خرگوش
saucisson (m)	kālbās	کالباس
saucisse (f)	sosis	سوسیس
bacon (m)	beykon	بیکن
jambon (m)	žāmbon	ژامبون
cuisse (f)	rān xuk	ران خوک
pâté (m)	pāte	پاته
foie (m)	jegar	جگر
farce (f)	hamberger	همبرگر
langue (f)	zabān	زبان
œuf (m)	toxm-e morq	تخم مرغ
les œufs	toxm-e morq-ha	تخم مرغ ها
blanc (m) d'œuf	sefide-ye toxm-e morq	سفیده تخم مرغ
jaune (m) d'œuf	zarde-ye toxm-e morq	زرده تخم مرغ
poisson (m)	māhi	ماهی
fruits (m pl) de mer	qazā-ye daryāyi	غذای دریایی
crustacés (m pl)	saxtpustān	سختپوستان
caviar (m)	xāviār	خاویار
crabe (m)	xarčang	خرچنگ
crevette (f)	meygu	میگو
huître (f)	sadaf-e xorāki	صدف خوراکی
langoustine (f)	xarčang-e xārdār	خرچنگ خاردار
poulpe (m)	hašt pā	هشت پا
calamar (m)	māhi-ye morakkab	ماهی مرکب
esturgeon (m)	māhi-ye xāviār	ماهی خاویار
saumon (m)	māhi-ye salemon	ماهی سالمون
flétan (m)	halibut	هالیبوت
morue (f)	māhi-ye rowqan	ماهی روغن

maquereau (m)	māhi-ye esqumeri	ماهی اسقومری
thon (m)	tan māhi	تن ماهی
anguille (f)	mārmāhi	مارماهی

truite (f)	māhi-ye qezelālā	ماهی قزل آلا
sardine (f)	sārdin	ساردین
brochet (m)	ordak māhi	اردک ماهی
hareng (m)	māhi-ye šur	ماهی شور

pain (m)	nān	نان
fromage (m)	panir	پنیر
sucre (m)	qand	قند
sel (m)	namak	نمک

riz (m)	berenj	برنج
pâtes (m pl)	mākāroni	ماکارونی
nouilles (f pl)	rešte-ye farangi	رشته فرنگی

beurre (m)	kare	کره
huile (f) végétale	rowqan-e nabāti	روغن نباتی
huile (f) de tournesol	rowqan āftābgardān	روغن آفتاب گردان
margarine (f)	mārgārin	مارگارین

| olives (f pl) | zeytun | زیتون |
| huile (f) d'olive | rowqan-e zeytun | روغن زیتون |

lait (m)	šir	شیر
lait (m) condensé	šir-e čegāl	شیر چگال
yogourt (m)	mās-at	ماست
crème (f) aigre	xāme-ye torš	خامهٔ ترش
crème (f) (de lait)	saršir	سرشیر

| sauce (f) mayonnaise | māyonez | مایونز |
| crème (f) au beurre | xāme | خامه |

gruau (m)	hobubāt	حبوبات
farine (f)	ārd	آرد
conserves (f pl)	konserv-hā	کنسرو ها

pétales (m pl) de maïs	bereštuk	برشتوک
miel (m)	asal	عسل
confiture (f)	morabbā	مربا
gomme (f) à mâcher	ādāms	آدامس

42. Les boissons

eau (f)	āb	آب
eau (f) potable	āb-e āšāmidani	آب آشامیدنی
eau (f) minérale	āb-e ma'dani	آب معدنی

plate (adj)	bedun-e gāz	بدون گاز
gazeuse (l'eau ~)	gāzdār	گازدار
pétillante (adj)	gāzdār	گازدار
glace (f)	yax	یخ

avec de la glace	yax dār	یخ دار
sans alcool	bi alkol	بی الکل
boisson (f) non alcoolisée	nušābe-ye bi alkol	نوشابة بی الکل
rafraîchissement (m)	nušābe-ye xonak	نوشابة خنک
limonade (f)	limunād	لیموناد
boissons (f pl) alcoolisées	mašrubāt-e alkoli	مشروبات الکلی
vin (m)	šarāb	شراب
vin (m) blanc	šarāb-e sefid	شراب سفید
vin (m) rouge	šarāb-e sorx	شراب سرخ
liqueur (f)	likor	لیکور
champagne (m)	šāmpāyn	شامپاین
vermouth (m)	vermut	ورموت
whisky (m)	viski	ویسکی
vodka (f)	vodkā	ودکا
gin (m)	jin	جین
cognac (m)	konyāk	کنیاک
rhum (m)	araq-e neyšekar	عرق نیشکر
café (m)	qahve	قهوه
café (m) noir	qahve-ye talx	قهوة تلخ
café (m) au lait	šir-qahve	شیرقهوه
cappuccino (m)	kāpočino	کاپوچینو
café (m) soluble	qahve-ye fowri	قهوه فوری
lait (m)	šir	شیر
cocktail (m)	kuktel	کوکتل
cocktail (m) au lait	kuktele šir	کوکتل شیر
jus (m)	āb-e mive	آب میوه
jus (m) de tomate	āb-e gowjefarangi	آب گوجه فرنگی
jus (m) d'orange	āb-e porteqāl	آب پرتقال
jus (m) pressé	āb-e mive-ye taze	آب میوة تازه
bière (f)	ābejow	آبجو
bière (f) blonde	ābejow-ye sabok	آبجوی سبک
bière (f) brune	ābejow-ye tire	آبجوی تیره
thé (m)	čāy	چای
thé (m) noir	čāy-e siyāh	چای سیاه
thé (m) vert	čāy-e sabz	چای سبز

43. Les légumes

légumes (m pl)	sabzijāt	سبزیجات
verdure (f)	sabzi	سبزی
tomate (f)	gowje farangi	گوجه فرنگی
concombro (m)	xiyār	خیار
carotte (f)	havij	هویج
pomme (f) de terre	sib zamini	سیب زمینی
oignon (m)	piyāz	پیاز

ail (m)	sir	سیر
chou (m)	kalam	کلم
chou-fleur (m)	gol kalam	گل کلم
chou (m) de Bruxelles	koll-am boruksel	کلم بروکسل
brocoli (m)	kalam borokli	کلم بروکلی

betterave (f)	čoqondar	چغندر
aubergine (f)	bādenjān	بادنجان
courgette (f)	kadu sabz	کدو سبز
potiron (m)	kadu tanbal	کدو تنبل
navet (m)	šalqam	شلغم

persil (m)	ja'fari	جعفری
fenouil (m)	šavid	شوید
laitue (f) (salade)	kāhu	کاهو
céleri (m)	karafs	کرفس
asperge (f)	mārčube	مارچوبه
épinard (m)	esfenāj	اسفناج

pois (m)	noxod	نخود
fèves (f pl)	lubiyā	لوبیا
maïs (m)	zorrat	ذرت
haricot (m)	lubiyā qermez	لوبیا قرمز

poivron (m)	felfel	فلفل
radis (m)	torobče	تربچه
artichaut (m)	kangar farangi	کنگرفرنگی

44. Les fruits. Les noix

fruit (m)	mive	میوه
pomme (f)	sib	سیب
poire (f)	golābi	گلابی
citron (m)	limu	لیمو
orange (f)	porteqāl	پرتقال
fraise (f)	tut-e farangi	توت فرنگی

mandarine (f)	nārengi	نارنگی
prune (f)	ālu	آلو
pêche (f)	holu	هلو
abricot (m)	zardālu	زردآلو
framboise (f)	tamešk	تمشک
ananas (m)	ānānās	آناناس

banane (f)	mowz	موز
pastèque (f)	hendevāne	هندوانه
raisin (m)	angur	انگور
cerise (f)	ālbālu	آلبالو
merise (f)	gilās	گیلاس
melon (m)	xarboze	خربزه

pamplemousse (m)	gerip forut	گریپ فوروت
avocat (m)	āvokādo	اووکادو
papaye (f)	pāpāyā	پاپایا

| mangue (f) | anbe | انبه |
| grenade (f) | anār | انار |

groseille (f) rouge	angur-e farangi-ye sorx	انگور فرنگی سرخ
cassis (m)	angur-e farangi-ye siyāh	انگور فرنگی سیاه
groseille (f) verte	angur-e farangi	انگور فرنگی
myrtille (f)	zoqāl axte	زغال اخته
mûre (f)	šāh tut	شاه توت

raisin (m) sec	kešmeš	کشمش
figue (f)	anjir	انجیر
datte (f)	xormā	خرما

cacahuète (f)	bādām zamin-i	بادام زمینی
amande (f)	bādām	بادام
noix (f)	gerdu	گردو
noisette (f)	fandoq	فندق
noix (f) de coco	nārgil	نارگیل
pistaches (f pl)	peste	پسته

45. Le pain. Les confiseries

confiserie (f)	širini jāt	شیرینی جات
pain (m)	nān	نان
biscuit (m)	biskuit	بیسکویت

chocolat (m)	šokolāt	شکلات
en chocolat (adj)	šokolāti	شکلاتی
bonbon (m)	āb nabāt	اب نبات
gâteau (m), pâtisserie (f)	nān-e širini	نان شیرینی
tarte (f)	širini	شیرینی

| gâteau (m) | keyk | کیک |
| garniture (f) | čāšni | چاشنی |

confiture (f)	morabbā	مربا
marmelade (f)	mārmālād	مارمالاد
gaufre (f)	vāfel	وافل
glace (f)	bastani	بستنی
pudding (m)	puding	پودینگ

46. Les plats cuisinés

plat (m)	qazā	غذا
cuisine (f)	qazā	غذا
recette (f)	dastur-e poxt	دستور پخت
portion (f)	pors	پرس

salade (f)	sālād	سالاد
soupe (f)	sup	سوپ
bouillon (m)	pāye-ye sup	پایه سوپ
sandwich (m)	sāndevič	ساندویچ

les œufs brouillés	nimru	نیمرو
hamburger (m)	hamberger	همبرگر
steak (m)	esteyk	استیک

garniture (f)	moxallafāt	مخلفات
spaghettis (m pl)	espāgeti	اسپاگتی
purée (f)	pure-ye sibi zamini	پورهٔ سیب زمینی
pizza (f)	pitzā	پیتزا
bouillie (f)	šurbā	شوربا
omelette (f)	ommol-at	املت

cuit à l'eau (adj)	āb paz	آب پز
fumé (adj)	dudi	دودی
frit (adj)	sorx šode	سرخ شده
sec (adj)	xošk	خشک
congelé (adj)	yax zade	یخ زده
mariné (adj)	torši	ترشی

sucré (adj)	širin	شیرین
salé (adj)	šur	شور
froid (adj)	sard	سرد
chaud (adj)	dāq	داغ
amer (adj)	talx	تلخ
bon (savoureux)	xoš mazze	خوش مزه

cuire à l'eau	poxtan	پختن
préparer (le dîner)	poxtan	پختن
faire frire	sorx kardan	سرخ کردن
réchauffer (vt)	garm kardan	گرم کردن

saler (vt)	namak zadan	نمک زدن
poivrer (vt)	felfel pāšidan	فلفل پاشیدن
râper (vt)	rande kardan	رنده کردن
peau (f)	pust	پوست
éplucher (vt)	pust kandan	پوست کندن

47. Les épices

sel (m)	namak	نمک
salé (adj)	šur	شور
saler (vt)	namak zadan	نمک زدن

poivre (m) noir	felfel-e siyāh	فلفل سیاه
poivre (m) rouge	felfel-e sorx	فلفل سرخ
moutarde (f)	xardal	خردل
raifort (m)	torob-e kuhi	ترب کوهی

condiment (m)	adviye	ادویه
épice (f)	adviye	ادویه
sauce (f)	ses	سس
vinaigre (m)	serke	سرکه

| anis (m) | rāziyāne | رازیانه |
| basilic (m) | reyhān | ریحان |

clou (m) de girofle	mixak	میخک
gingembre (m)	zanjefil	زنجفیل
coriandre (m)	gešniz	گشنیز
cannelle (f)	dārčin	دارچین

sésame (m)	konjed	کنجد
feuille (f) de laurier	barg-e bu	برگ بو
paprika (m)	paprika	پاپریکا
cumin (m)	zire	زیره
safran (m)	za'ferān	زعفران

48. Les repas

| nourriture (f) | qazā | غذا |
| manger (vi, vt) | xordan | خوردن |

petit déjeuner (m)	sobhāne	صبحانه
prendre le petit déjeuner	sobhāne xordan	صبحانه خوردن
déjeuner (m)	nāhār	ناهار
déjeuner (vi)	nāhār xordan	ناهار خوردن
dîner (m)	šām	شام
dîner (vi)	šām xordan	شام خوردن

| appétit (m) | eštehā | اشتها |
| Bon appétit! | nuš-e jān | نوش جان |

ouvrir (vt)	bāz kardan	باز کردن
renverser (liquide)	rixtan	ریختن
se renverser (liquide)	rixtan	ریختن

bouillir (vi)	jušidan	جوشیدن
faire bouillir	jušāndan	جوشاندن
bouilli (l'eau ~e)	jušide	جوشیده
refroidir (vt)	sard kardan	سرد کردن
se refroidir (vp)	sard šodan	سرد شدن

| goût (m) | maze | مزه |
| arrière-goût (m) | maze | مزه |

suivre un régime	lāqar kardan	لاغر کردن
régime (m)	režim	رژیم
vitamine (f)	vitāmin	ویتامین
calorie (f)	kālori	کالری

| végétarien (m) | giyāh xār | گیاه خوار |
| végétarien (adj) | giyāh xāri | گیاه خواری |

lipides (m pl)	čarbi-hā	چربی ها
protéines (f pl)	porotein	پروتئین
glucides (m pl)	karbohidrāt-hā	کربو هیدرات ها

tranche (f)	qet'e	قطعه
morceau (m)	tekke	تکه
miette (f)	zarre	ذره

49. Le dressage de la table

cuillère (f)	qāšoq	قاشق
couteau (m)	kārd	کارد
fourchette (f)	čangāl	چنگال
tasse (f)	fenjān	فنجان
assiette (f)	bošqāb	بشقاب
soucoupe (f)	na'lbeki	نعلبکی
serviette (f)	dastmāl	دستمال
cure-dent (m)	xelāl-e dandān	خلال دندان

50. Le restaurant

restaurant (m)	resturān	رستوران
salon (m) de café	kāfe	کافه
bar (m)	bār	بار
salon (m) de thé	qahve xāne	قهوه خانه
serveur (m)	pišxedmat	پیشخدمت
serveuse (f)	pišxedmat	پیشخدمت
barman (m)	motesaddi-ye bār	متصدی بار
carte (f)	meno	منو
carte (f) des vins	kārt-e šarāb	کارت شراب
réserver une table	miz rezerv kardan	میز رزرو کردن
plat (m)	qazā	غذا
commander (vt)	sefāreš dādan	سفارش دادن
faire la commande	sefāreš dādan	سفارش دادن
apéritif (m)	mašrub-e piš qazā	مشروب پیش غذا
hors-d'œuvre (m)	piš qazā	پیش غذا
dessert (m)	deser	دسر
addition (f)	surat hesāb	صورت حساب
régler l'addition	surat-e hesāb rā pardāxtan	صورت حساب را پرداختن
rendre la monnaie	baqiye rā dādan	بقیه را دادن
pourboire (m)	an'ām	انعام

La famille. Les parents. Les amis

51. Les données personnelles. Les formulaires

prénom (m)	esm	اسم
nom (m) de famille	nām-e xānevādegi	نام خانوادگی
date (f) de naissance	tārix-e tavallod	تاریخ تولد
lieu (m) de naissance	mahall-e tavallod	محل تولد
nationalité (f)	melliyat	ملیت
domicile (m)	mahall-e sokunat	محل سکونت
pays (m)	kešvar	کشور
profession (f)	šoql	شغل
sexe (m)	jens	جنس
taille (f)	qad	قد
poids (m)	vazn	وزن

52. La famille. Les liens de parenté

mère (f)	mādar	مادر
père (m)	pedar	پدر
fils (m)	pesar	پسر
fille (f)	doxtar	دختر
fille (f) cadette	doxtar-e kučak	دختر کوچک
fils (m) cadet	pesar-e kučak	پسر کوچک
fille (f) aînée	doxtar-e bozorg	دختر بزرگ
fils (m) aîné	pesar-e bozorg	پسر بزرگ
frère (m)	barādar	برادر
frère (m) aîné	barādar-e bozorg	برادر بزرگ
frère (m) cadet	barādar-e kučak	برادر کوچک
sœur (f)	xāhar	خواهر
sœur (f) aînée	xāhar-e bozorg	خواهر بزرگ
sœur (f) cadette	xāhar-e kučak	خواهر کوچک
cousin (m)	pesar 'amu	پسر عمو
cousine (f)	doxtar amu	دختر عمو
maman (f)	māmān	مامان
papa (m)	bābā	بابا
parents (m pl)	vāledeyn	والدین
enfant (m, f)	kudak	کودک
enfants (pl)	bače-hā	بچه ها
grand-mère (f)	mādarbozorg	مادربزرگ
grand-père (m)	pedar-bozorg	پدربزرگ

petit-fils (m)	nave	نوه
petite-fille (f)	nave	نوه
petits-enfants (pl)	nave-hā	نوه ها

oncle (m)	amu	عمو
tante (f)	xāle yā amme	خاله یا عمه
neveu (m)	barādar-zāde	برادرزاده
nièce (f)	xāhar-zāde	خواهرزاده

belle-mère (f)	mādarzan	مادرزن
beau-père (m)	pedar-šowhar	پدرشوهر
gendre (m)	dāmād	داماد
belle-mère (f)	nāmādari	نامادری
beau-père (m)	nāpedari	ناپدری

nourrisson (m)	nowzād	نوزاد
bébé (m)	širxār	شیرخوار
petit (m)	pesar-e kučulu	پسر کوچولو

femme (f)	zan	زن
mari (m)	šowhar	شوهر
époux (m)	hamsar	همسر
épouse (f)	hamsar	همسر

marié (adj)	mote'ahhel	متاهل
mariée (adj)	mote'ahhel	متاهل
célibataire (adj)	mojarrad	مجرد
célibataire (m)	mojarrad	مجرد
divorcé (adj)	talāq gerefte	طلاق گرفته
veuve (f)	bive zan	بیوه زن
veuf (m)	bive	بیوه

parent (m)	xišāvand	خویشاوند
parent (m) proche	aqvām-e nazdik	اقوام نزدیک
parent (m) éloigné	aqvām-e dur	اقوام دور
parents (m pl)	aqvām	اقوام

orphelin (m), orpheline (f)	yatim	یتیم
tuteur (m)	qayyem	قیم
adopter (un garçon)	be pesari gereftan	به پسری گرفتن
adopter (une fille)	be doxtari gereftan	به دختری گرفتن

53. Les amis. Les collègues

ami (m)	dust	دوست
amie (f)	dust	دوست
amitié (f)	dusti	دوستی
être ami	dust budan	دوست بودن

copain (m)	rafiq	رفیق
copine (f)	rafiq	رفیق
partenaire (m)	šarik	شریک
chef (m)	ra'is	رئیس
supérieur (m)	ra'is	رئیس

propriétaire (m)	sāheb	صاحب
subordonné (m)	zirdast	زیردست
collègue (m, f)	hamkār	همکار

connaissance (f)	āšnā	آشنا
compagnon (m) de route	hamsafar	همسفر
copain (m) de classe	ham kelās	هم کلاس

voisin (m)	hamsāye	همسایه
voisine (f)	hamsāye	همسایه
voisins (m pl)	hamsāye-hā	همسایه ها

54. L'homme. La femme

femme (f)	zan	زن
jeune fille (f)	doxtar	دختر
fiancée (f)	arus	عروس

belle (adj)	zibā	زیبا
de grande taille	qad boland	قد بلند
svelte (adj)	xoš andām	خوش اندام
de petite taille	qad kutāh	قد کوتاه

blonde (f)	mu bur	مو بور
brune (f)	mu siyāh	مو سیاه

de femme (adj)	zanāne	زنانه
vierge (f)	bākere	باکره
enceinte (adj)	bārdār	باردار

homme (m)	mard	مرد
blond (m)	mu bur	مو بور
brun (m)	mu siyāh	مو سیاه
de grande taille	qad boland	قد بلند
de petite taille	qad kutāh	قد کوتاه

rude (adj)	xašen	خشن
trapu (adj)	tanumand	تنومند
robuste (adj)	tanumand	تنومند
fort (adj)	nirumand	نیرومند
force (f)	niru	نیرو

gros (adj)	čāq	چاق
basané (adj)	sabze ru	سبزه رو
svelte (adj)	xoš andām	خوش اندام
élégant (adj)	barāzande	برازنده

55. L'age

âge (m)	sen	سن
jeunesse (f)	javāni	جوانی
jeune (adj)	javān	جوان

| plus jeune (adj) | kučaktar | كوچكتر |
| plus âgé (adj) | bozorgtar | بزرگتر |

jeune homme (m)	mard-e javān	مرد جوان
adolescent (m)	nowjavān	نوجوان
gars (m)	mard	مرد

| vieillard (m) | pirmard | پيرمرد |
| vieille femme (f) | pirzan | پيرزن |

adulte (m)	bāleq	بالغ
d'âge moyen (adj)	miyānsāl	ميانسال
âgé (adj)	sālmand	سالمند
vieux (adj)	mosen	مسن

retraite (f)	mostamerri	مستمرى
prendre sa retraite	bāznešaste šodan	بازنشسته شدن
retraité (m)	bāznešaste	بازنشسته

56. Les enfants. Les adolescents

enfant (m, f)	kudak	كودك
enfants (pl)	bače-hā	بچه ها
jumeaux (m pl)	doqolu	دوقلو

berceau (m)	gahvāre	گهواره
hochet (m)	jeqjeqe	جغجغه
couche (f)	pušak	پوشك

tétine (f)	pestānak	پستانك
poussette (m)	kāleske	كالسكه
école (f) maternelle	kudakestān	كودكستان
baby-sitter (m, f)	parastār bače	پرستار بچه

enfance (f)	kudaki	كودكى
poupée (f)	arusak	عروسك
jouet (m)	asbāb bāzi	اسباب بازى
jeu (m) de construction	xāne sāzi	خانه سازى

bien élevé (adj)	bā tarbiyat	با تربيت
mal élevé (adj)	bi tarbiyat	بى تربيت
gâté (adj)	lus	لوس

faire le vilain	šeytanat kardan	شيطنت كردن
vilain (adj)	bāziguš	بازيگوش
espièglerie (f)	šeytāni	شيطانى
vilain (m)	šeytān	شيطان

| obéissant (adj) | moti' | مطيع |
| désobéissant (adj) | sarkeš | سركش |

sage (adj)	āqel	عاقل
intelligent (adj)	bāhuš	باهوش
l'enfant prodige	kudak nābeqe	كودك نابغه

57. Les couples mariés. La vie de famille

embrasser (sur les lèvres)	busidan	بوسیدن
s'embrasser (vp)	hamdigar rā busidan	همدیگررا بوسیدن
famille (f)	xānevāde	خانواده
familial (adj)	xānevādegi	خانوادگی
couple (m)	zoj	زوج
mariage (m) (~ civil)	ezdevāj	ازدواج
foyer (m) familial	kāšāne	کاشانه
dynastie (f)	selsele	سلسله
rendez-vous (m)	qarār	قرار
baiser (m)	buse	بوسه
amour (m)	ešq	عشق
aimer (qn)	dust dāštan	دوست داشتن
aimé (adj)	mahbub	محبوب
tendresse (f)	mehrbāni	مهربانی
tendre (affectueux)	mehrbān	مهربان
fidélité (f)	vafā	وفا
fidèle (adj)	vafādār	وفادار
soin (m) (~ de qn)	tavajjoh	توجه
attentionné (adj)	ba molāheze	با ملاحظه
jeunes mariés (pl)	tāze ezdevāj karde	تازه ازدواج کرده
lune (f) de miel	māh-e asal	ماه عسل
se marier (prendre pour époux)	ezdevāj kardan	ازدواج کردن
se marier (prendre pour épouse)	ezdevāj kardan	ازدواج کردن
mariage (m)	arusi	عروسی
les noces d'or	panjāhomin sālgard-e arusi	پنجاهمین سالگرد عروسی
anniversaire (m)	sālgard	سالگرد
amant (m)	ma'šuq	معشوق
maîtresse (f)	ma'šuqe	معشوقه
adultère (m)	xiyānat	خیانت
commettre l'adultère	xiyānat kardan	خیانت کردن
jaloux (adj)	hasud	حسود
être jaloux	hasud budan	حسود بودن
divorce (m)	talāq	طلاق
divorcer (vi)	talāq gereftan	طلاق گرفتن
se disputer (vp)	da'vā kardan	دعوا کردن
se réconcilier (vp)	āšti kardan	آشتی کردن
ensemble (adv)	bāham	باهم
sexe (m)	seks	سکس
bonheur (m)	xošbaxti	خوشبختی
heureux (adj)	xošbaxt	خوشبخت
malheur (m)	badbaxti	بدبختی
malheureux (adj)	badbaxt	بدبخت

Le caractère. Les émotions

58. Les sentiments. Les émotions

sentiment (m)	ehsās	احساس
sentiments (m pl)	ehsāsat	احساسات
sentir (vt)	ehsās kardan	احساس کردن
faim (f)	gorosnegi	گرسنگی
avoir faim	gorosne budan	گرسنه بودن
soif (f)	tešnegi	تشنگی
avoir soif	tešne budan	تشنه بودن
somnolence (f)	xāb āludegi	خواب آلودگی
avoir sommeil	xābālud budan	خواب آلود بودن
fatigue (f)	xastegi	خستگی
fatigué (adj)	xaste	خسته
être fatigué	xaste šodan	خسته شدن
humeur (f) (de bonne ~)	xolq	خلق
ennui (m)	bi hoselegi	بی حوصلگی
s'ennuyer (vp)	hosele sar raftan	حوصله سررفتن
solitude (f)	guše nešini	گوشه نشینی
s'isoler (vp)	guše nešini kardan	گوشه نشینی کردن
inquiéter (vt)	negarān kardan	نگران کردن
s'inquiéter (vp)	negarān šodan	نگران شدن
inquiétude (f)	negarāni	نگرانی
préoccupation (f)	negarāni	نگرانی
soucieux (adj)	moztareb	مضطرب
s'énerver (vp)	asabi šodan	عصبی شدن
paniquer (vi)	vahšat kardan	وحشت کردن
espoir (m)	omid	امید
espérer (vi)	omid dāštan	امید داشتن
certitude (f)	etminān	اطمینان
certain (adj)	motmaen	مطمئن
incertitude (f)	adam-e etminān	عدم اطمینان
incertain (adj)	nā motmaen	نا مطمئن
ivre (adj)	mast	مست
sobre (adj)	hošyār	هوشیار
faible (adj)	za'if	ضعیف
heureux (adj)	xošbaxt	خوشبخت
faire peur	tarsāndan	ترساندن
fureur (f)	qeyz	غیظ
rage (f), colère (f)	xašm	خشم
dépression (f)	afsordegi	افسردگی
inconfort (m)	nārāhati	ناراحتی

confort (m)	āsāyeš	آسایش
regretter (vt)	afsus xordan	افسوس خوردن
regret (m)	afsus	افسوس
malchance (f)	bad šāns-i	بد شانسی
tristesse (f)	delxori	دلخوری

honte (f)	šarm	شرم
joie, allégresse (f)	šādi	شادی
enthousiasme (m)	eštiyāq	اشتیاق
enthousiaste (m)	moštāq	مشتاق
avoir de l'enthousiasme	eštiyāq dāštan	اشتیاق داشتن

59. Le caractère. La personnalité

caractère (m)	šaxsiyat	شخصیت
défaut (m)	naqs	نقص
esprit (m), raison (f)	aql	عقل

conscience (f)	vejdān	وجدان
habitude (f)	ādat	عادت
capacité (f)	este'dād	استعداد
savoir (faire qch)	tavānestan	توانستن

patient (adj)	bā howsele	با حوصله
impatient (adj)	bi hosele	بی حوصله
curieux (adj)	konjkāv	کنجکاو
curiosité (f)	konjkāvi	کنجکاوی

modestie (f)	forutani	فروتنی
modeste (adj)	forutan	فروتن
vaniteux (adj)	gostāx	گستاخ

paresse (f)	tanbali	تنبلی
paresseux (adj)	tanbal	تنبل
paresseux (m)	tanbal	تنبل

astuce (f)	mokāri	مکاری
rusé (adj)	makkār	مکار
méfiance (f)	bad gomāni	بد گمانی
méfiant (adj)	bad gomān	بد گمان

générosité (f)	sexāvat	سخاوت
généreux (adj)	ba sexāvat	با سخاوت
doué (adj)	bā este'dād	با استعداد
talent (m)	este'dād	استعداد

courageux (adj)	šojā'	شجاع
courage (m)	šojā'at	شجاعت
honnête (adj)	sādeq	صادق
honnêteté (f)	sedāqat	صداقت

prudent (adj)	bā ehtiyāt	با احتیاط
courageux (adj)	bi bāk	بی باک
sérieux (adj)	jeddi	جدی

sévère (adj)	saxt gir	سخت گیر
décidé (adj)	mosammam	مصمم
indécis (adj)	do del	دو دل
timide (adj)	xejālati	خجالتی
timidité (f)	xejālat	خجالت

confiance (f)	e'temād	اعتماد
croire (qn)	bāvar kardan	باور کردن
confiant (adj)	zud bāvar	زود باور

sincèrement (adv)	sādeqāne	صادقانه
sincère (adj)	sādeq	صادق
sincérité (f)	sedāqat	صداقت
ouvert (adj)	sarih	صریح

calme (adj)	ārām	آرام
franc (sincère)	rok	رک
naïf (adj)	sāde lowh	ساده لوح
distrait (adj)	sar be havā	سربه هوا
drôle, amusant (adj)	xande dār	خنده دار

avidité (f)	hers	حرص
avare (adj)	haris	حریص
radin (adj)	xasis	خسیس
méchant (adj)	badjens	بدجنس
têtu (adj)	lajuj	لجوج
désagréable (adj)	nāxošāyand	ناخوشایند

égoïste (m)	xodxāh	خودخواه
égoïste (adj)	xodxāhi	خودخواهی
peureux (m)	tarsu	ترسو
peureux (adj)	tarsu	ترسو

60. Le sommeil. Les rêves

dormir (vi)	xābidan	خوابیدن
sommeil (m)	xāb	خواب
rêve (m)	royā	رویا
rêver (en dormant)	xāb didan	خواب دیدن
endormi (adj)	xāb ālud	خواب آلود

lit (m)	taxt-e xāb	تخت خواب
matelas (m)	tošak	تشک
couverture (f)	patu	پتو
oreiller (m)	bālešt	بالشت
drap (m)	malāfe	ملافه

insomnie (f)	bi-xābi	بیخوابی
sans sommeil (adj)	bi xāb	بی خواب
somnifère (m)	xāb āvar	خواب آور
prendre un somnifère	xābāvar xordan	خواب آور خوردن

| avoir sommeil | xābālud budan | خواب آلود بودن |
| bâiller (vi) | xamyāze kešidan | خمیازه کشیدن |

aller se coucher	be raxtexāb raftan	به رختخواب رفتن
faire le lit	raxtexāb-e pahn kardan	رختخواب پهن کردن
s'endormir (vp)	xābidan	خوابیدن
cauchemar (m)	kābus	کابوس
ronflement (m)	xoropof	خروپف
ronfler (vi)	xoropof kardan	خروپف کردن
réveil (m)	sā'at-e zang dār	ساعت زنگ دار
réveiller (vt)	bidār kardan	بیدار کردن
se réveiller (vp)	bidār šodan	بیدار شدن
se lever (tôt, tard)	boland šodan	بلند شدن
se laver (le visage)	dast-o ru šostan	دست و روشستن

61. L'humour. Le rire. La joie

humour (m)	šuxi	شوخی
sens (m) de l'humour	šux ta'bi	شوخ طبعی
s'amuser (vp)	šādi kardan	شادی کردن
joyeux (adj)	šād	شاد
joie, allégresse (f)	šādi	شادی
sourire (m)	labxand	لبخند
sourire (vi)	labxand zadan	لبخند زدن
se mettre à rire	xandidan	خندیدن
rire (vi)	xandidan	خندیدن
rire (m)	xande	خنده
anecdote (f)	latife	لطیفه
drôle, amusant (adj)	xande dār	خنده دار
comique, ridicule (adj)	xande dār	خنده دار
plaisanter (vi)	šuxi kardan	شوخی کردن
plaisanterie (f)	šuxi	شوخی
joie (f) (émotion)	šādi	شادی
se réjouir (vp)	xošhāl šodan	خوشحال شدن
joyeux (adj)	xošhāl	خوشحال

62. Dialoguer et communiquer. Partie 1

communication (f)	ertebāt	ارتباط
communiquer (vi)	ertebāt dāstan	ارتباط داشتن
conversation (f)	mokāleme	مکالمه
dialogue (m)	goftogu	گفتگو
discussion (f) (débat)	mobāhese	مباحثه
débat (m)	mošājere	مشاجره
discuter (vi)	mošājere kardan	مشاجره کردن
interlocuteur (m)	ham soxan	هم سخن
sujet (m)	mowzu'	موضوع
point (m) de vue	noqte nazar	نقطه نظر

opinion (f)	nazar	نظر
discours (m)	soxanrāni	سخنرانی
discussion (f) (d'un rapport)	mozākere	مذاکره
discuter (vt)	bahs kardan	بحث کردن
conversation (f)	goftogu	گفتگو
converser (vi)	goftogu kardan	گفتگو کردن
rencontre (f)	didār	دیدار
se rencontrer (vp)	molāqāt kardan	ملاقات کردن
proverbe (m)	zarb-ol-masal	ضرب المثل
dicton (m)	zarb-ol-masal	ضرب المثل
devinette (f)	mo'ammā	معما
poser une devinette	mo'ammā matrah kardan	معما مطرح کردن
mot (m) de passe	ramz	رمز
secret (m)	rāz	راز
serment (m)	sowgand	سوگند
jurer (de faire qch)	sowgand xordan	سوگند خوردن
promesse (f)	va'de	وعده
promettre (vt)	qowl dādan	قول دادن
conseil (m)	nasihat	نصیحت
conseiller (vt)	nasihat kardan	نصیحت کردن
suivre le conseil (de qn)	nasihat-e kasi rā donbāl kardan	نصیحت کسی را دنبال کردن
écouter (~ ses parents)	guš kardan	گوش کردن
nouvelle (f)	xabar	خبر
sensation (f)	hayajān	هیجان
renseignements (m pl)	ettelā'āt	اطلاعات
conclusion (f)	natije	نتیجه
voix (f)	sedā	صدا
compliment (m)	ta'rif	تعریف
aimable (adj)	bā mohabbat	با محبت
mot (m)	kalame	کلمه
phrase (f)	ebārat	عبارت
réponse (f)	javāb	جواب
vérité (f)	haqiqat	حقیقت
mensonge (m)	doruq	دروغ
pensée (f)	fekr	فکر
idée (f)	fekr	فکر
fantaisie (f)	fāntezi	فانتزی

63. Dialoguer et communiquer. Partie 2

respecté (adj)	mohtaram	محترم
respecter (vt)	ehterām gozāštan	احترام گذاشتن
respect (m)	ehterām	احترام
Cher ...	gerāmi	گرامی
présenter (faire connaître)	mo'arrefi kardan	معرفی کردن

faire la connaissance	āšnā šodan	آشنا شدن
intention (f)	qasd	قصد
avoir l'intention	qasd dāštan	قصد داشتن
souhait (m)	ārezu	آرزو
souhaiter (vt)	ārezu kardan	آرزو کردن
étonnement (m)	ta'ajjob	تعجب
étonner (vt)	mote'ajjeb kardan	متعجب کردن
s'étonner (vp)	mote'ajjeb šodan	متعجب شدن
donner (vt)	dādan	دادن
prendre (vt)	bardāštan	برداشتن
rendre (vt)	bargardāndan	برگرداندن
retourner (vt)	pas dādan	پس دادن
s'excuser (vp)	ozr xāstan	عذر خواستن
excuse (f)	ozr xāhi	عذر خواهی
pardonner (vt)	baxšidan	بخشیدن
parler (~ avec qn)	harf zadan	حرف زدن
écouter (vt)	guš dādan	گوش دادن
écouter jusqu'au bout	xub guš dādan	خوب گوش دادن
comprendre (vt)	fahmidan	فهمیدن
montrer (vt)	nešān dādan	نشان دادن
regarder (vt)	negāh kardan	نگاه کردن
appeler (vt)	sedā kardan	صدا کردن
distraire (déranger)	mozāhem šodan	مزاحم شدن
ennuyer (déranger)	mozāhem šodan	مزاحم شدن
passer (~ le message)	dādan	دادن
prière (f) (demande)	xāheš	خواهش
demander (vt)	xāheš kardan	خواهش کردن
exigence (f)	taqāzā	تقاضا
exiger (vt)	darxāst kardan	درخواست کردن
taquiner (vt)	dast endāxtan	دست انداختن
se moquer (vp)	masxare kardan	مسخره کردن
moquerie (f)	masxare	مسخره
surnom (m)	laqab	لقب
allusion (f)	kenāye	کنایه
faire allusion	kenāye zadan	کنایه زدن
sous-entendre (vt)	ma'ni dāštan	معنی داشتن
description (f)	towsif	توصیف
décrire (vt)	towsif kardan	توصیف کردن
éloge (m)	tahsin	تحسین
louer (vt)	tahsin kardan	تحسین کردن
déception (f)	nāomidi	ناامیدی
décevoir (vt)	nāomid kardan	ناامید کردن
être déçu	nāomid šodan	ناامید شدن
supposition (f)	farz	فرض
supposer (vt)	farz kardan	فرض کردن

| avertissement (m) | extār | اخطار |
| prévenir (vt) | extār dādan | اخطار دادن |

64. Dialoguer et communiquer. Partie 3

| convaincre (vt) | rāzi kardan | راضی کردن |
| calmer (vt) | ārām kardan | آرام کردن |

silence (m) (~ est d'or)	sokut	سکوت
rester silencieux	sāket māndan	ساکت ماندن
chuchoter (vi, vt)	najvā kardan	نجوا کردن
chuchotement (m)	najvā	نجوا

| sincèrement (adv) | sādeqāne | صادقانه |
| à mon avis ... | be nazar-e man | به نظرمن |

détail (m) (d'une histoire)	joz'iyāt	جزئیات
détaillé (adj)	mofassal	مفصل
en détail (adv)	be tafsil	به تفصیل

| indice (m) | sarnax | سرنخ |
| donner un indice | sarnax dādan | سرنخ دادن |

regard (m)	nazar	نظر
jeter un coup d'oeil	nazar andāxtan	نظر انداختن
fixe (un regard ~)	bi harekat	بی حرکت
clignoter (vi)	pelk zadan	پلک زدن
cligner de l'oeil	češmak zadan	چشمک زدن
hocher la tête	sar-e tekān dādan	سر تکان دادن

soupir (m)	āh	آه
soupirer (vi)	āh kešidan	آه کشیدن
tressaillir (vi)	larzidan	لرزیدن
geste (m)	žest	ژست
toucher (de la main)	lams kardan	لمس کردن
saisir (par le bras)	gereftan	گرفتن
taper (sur l'épaule)	zadan	زدن

Attention!	movāzeb bāš!	مواظب باش!
Vraiment?	vāqe'an?	واقعاً؟
Tu es sûr?	motmaenn-i?	مطمئنی؟
Bonne chance!	movaffaq bāšid!	موفق باشید!
Compris!	albate!	البته!
Dommage!	heyf!	حیف!

65. L'accord. Le refus

accord (m)	movāfeqat	موافقت
être d'accord	movāfeqat kardan	موافقت کردن
approbation (f)	ta'id	تایید
approuver (vt)	ta'id kardan	تایید کردن
refus (m)	emtenā'	امتناع

se refuser (vp)	rad kardan	رد کردن
Super!	āli	عالی
Bon!	xub	خوب
D'accord!	besyār xob!	بسیارخوب!

interdit (adj)	mamnu'	ممنوع
c'est interdit	mamnu' ast	ممنوع است
c'est impossible	qeyr-e momken ast	غیر ممکن است
incorrect (adj)	nādorost	نادرست

décliner (vt)	rad kardan	رد کردن
soutenir (vt)	poštibāni kardan	پشتیبانی کردن
accepter (condition, etc.)	qabul kardan	قبول کردن

confirmer (vt)	ta'yid kardan	تآیید کردن
confirmation (f)	ta'yid	تآیید
permission (f)	ejāze	اجازه
permettre (vt)	ejāze dādan	اجازه دادن
décision (f)	tasmim	تصمیم
ne pas dire un mot	sokut kardan	سکوت کردن

condition (f)	šart	شرط
excuse (f) (prétexte)	bahāne	بهانه
éloge (m)	tahsin	تحسین
louer (vt)	tahsin kardan	تحسین کردن

66. La réussite. La chance. L'échec

succès (m)	movaffaqiyat	موفقیت
avec succès (adv)	bā movaffaqiyat	با موفقیت
réussi (adj)	movaffaqiyat āmiz	موفقیت آمیز

chance (f)	šāns	شانس
Bonne chance!	movaffaq bāšid!	موفق باشید!
de chance (jour ~)	šāns	شانس
chanceux (adj)	xoš šāns	خوش شانس

échec (m)	nākāmi	ناکامی
infortune (f)	bad šāns-i	بد شانسی
malchance (f)	bad šāns-i	بد شانسی

raté (adj)	nā movaffaq	نا موفق
catastrophe (f)	fāje'e	فاجعه

fierté (f)	eftexār	افتخار
fier (adj)	maqrur	مغرور
être fier	eftexār kardan	افتخارکردن

gagnant (m)	barande	برنده
gagner (vi)	piruz šodan	پیروز شدن
perdre (vi)	bāxtan	باختن
tentative (f)	talāš	تلاش
essayer (vt)	talāš kardan	تلاش کردن
chance (f)	šāns	شانس

67. Les disputes. Les émotions négatives

cri (m)	faryād	فرياد
crier (vi)	faryād zadan	فرياد زدن
se mettre à crier	faryād zadan	فرياد زدن
dispute (f)	da'vā	دعوا
se disputer (vp)	da'vā kardan	دعوا کردن
scandale (m) (dispute)	mošājere	مشاجره
faire un scandale	janjāl kardan	جنجال کردن
conflit (m)	dargiri	درگیری
malentendu (m)	su'-e tafāhom	سوء تفاهم
insulte (f)	towhin	توهین
insulter (vt)	towhin kardan	توهین کردن
insulté (adj)	towhin šode	توهین شده
offense (f)	ranješ	رنجش
offenser (vt)	ranjāndan	رنجاندن
s'offenser (vp)	ranjidan	رنجیدن
indignation (f)	xašm	خشم
s'indigner (vp)	xašmgin šodan	خشمگین شدن
plainte (f)	šekāyat	شکایت
se plaindre (vp)	šekāyat kardan	شکایت کردن
excuse (f)	ozr xāhi	عذر خواهی
s'excuser (vp)	ozr xāstan	عذر خواستن
demander pardon	ozr xāstan	عذر خواستن
critique (f)	enteqād	انتقاد
critiquer (vt)	enteqād kardan	انتقاد کردن
accusation (f)	ettehām	اتهام
accuser (vt)	mottaham kardan	متهم کردن
vengeance (f)	enteqām	انتقام
se venger (vp)	enteqām gereftan	انتقام گرفتن
faire payer (qn)	talāfi darāvardan	تلافی درآوردن
mépris (m)	tahqir	تحقیر
mépriser (vt)	tahqir kardan	تحقیر کردن
haine (f)	nefrat	نفرت
haïr (vt)	motenaffer budan	متنفر بودن
nerveux (adj)	asabi	عصبی
s'énerver (vp)	asabi šodan	عصبی شدن
fâché (adj)	xašmgin	خشمگین
fâcher (vt)	xašmgin kardan	خشمگین کردن
humiliation (f)	tahqir	تحقیر
humilier (vt)	tahqir kardan	تحقیر کردن
s'humilier (vp)	tahqir šodan	تحقیر شدن
choc (m)	šok	شوک
choquer (vt)	šokke kardan	شوک کردن
ennui (m) (problème)	moškel	مشکل

désagréable (adj)	nāxošāyand	ناخوشایند
peur (f)	tars	ترس
terrible (tempête, etc.)	eftezāh	افتضاح
effrayant (histoire ~e)	vahšatnāk	وحشتناک
horreur (f)	vahšat	وحشت
horrible (adj)	vahšat āvar	وحشت آور
commencer à trembler	larzidan	لرزیدن
pleurer (vi)	gerye kardan	گریه کردن
se mettre à pleurer	gerye sar dādan	گریه سر دادن
larme (f)	ašk	اشک
faute (f)	taqsir	تقصیر
culpabilité (f)	gonāh	گناه
déshonneur (m)	ār	عار
protestation (f)	e'terāz	اعتراض
stress (m)	fešār	فشار
déranger (vt)	mozāhem šodan	مزاحم شدن
être furieux	xašmgin budan	خشمگین بودن
en colère, fâché (adj)	xašmgin	خشمگین
rompre (relations)	qat' kardan	قطع کردن
réprimander (vt)	fohš dādan	فحش دادن
prendre peur	tarsidan	ترسیدن
frapper (vt)	zadan	زدن
se battre (vp)	zad-o-xord kardan	زد و خورد کردن
régler (~ un conflit)	hal-o-fasl kardan	حل و فصل کردن
mécontent (adj)	nārāzi	ناراضی
enragé (adj)	qazabnāk	غضبناک
Ce n'est pas bien!	xub nist!	خوب نیست!
C'est mal!	bad ast!	بد است!

La médecine

68. Les maladies

maladie (f)	bimāri	بیماری
être malade	bimār budan	بیمار بودن
santé (f)	salāmati	سلامتی
rhume (m) (coryza)	āb-e rizeš-e bini	آب ریزش بینی
angine (f)	varam-e lowze	ورم لوزه
refroidissement (m)	sarmā xordegi	سرما خوردگی
prendre froid	sarmā xordan	سرما خوردن
bronchite (f)	boronšit	برنشیت
pneumonie (f)	zātorrie	ذات الریه
grippe (f)	ānfolānzā	آنفولانزا
myope (adj)	nazdik bin	نزدیک بین
presbyte (adj)	durbin	دوربین
strabisme (m)	enherāf-e čašm	انحراف چشم
strabique (adj)	luč	لوچ
cataracte (f)	āb morvārid	آب مروارید
glaucome (m)	ab-e siyāh	آب سیاه
insulte (f)	sekte-ye maqzi	سکته مغزی
crise (f) cardiaque	sekte-ye qalbi	سکته قلبی
infarctus (m) de myocarde	ānfārktus	آنفارکتوس
paralysie (f)	falaji	فلجی
paralyser (vt)	falj kardan	فلج کردن
allergie (f)	ālerži	آلرژی
asthme (m)	āsm	آسم
diabète (m)	diyābet	دیابت
mal (m) de dents	dandān-e dard	دندان درد
carie (f)	pusidegi	پوسیدگی
diarrhée (f)	eshāl	اسهال
constipation (f)	yobusat	یبوست
estomac (m) barbouillé	nārāhati-ye me'de	ناراحتی معده
intoxication (f) alimentaire	masmumiyat	مسمومیت
être intoxiqué	masmum šodan	مسموم شدن
arthrite (f)	varam-e mafāsel	ورم مفاصل
rachitisme (m)	rāšitism	راشیتیسم
rhumatisme (m)	romātism	روماتیسم
athérosclérose (f)	tasallob-e šarāin	تصلب شرائین
gastrite (f)	varam-e me'de	ورم معده
appendicite (f)	āpāndisit	آپاندیسیت

| cholécystite (f) | eltehāb-e kise-ye safrā | التهاب كيسه صفرا |
| ulcère (m) | zaxm | زخم |

rougeole (f)	sorxak	سرخك
rubéole (f)	sorxje	سرخجه
jaunisse (f)	yaraqān	يرقان
hépatite (f)	hepātit	هپاتيت

schizophrénie (f)	šizoferni	شيزوفرنى
rage (f) (hydrophobie)	hāri	هارى
névrose (f)	extelāl-e a'sāb	اختلال اعصاب
commotion (f) cérébrale	zarbe-ye maqzi	ضربه مغزى

cancer (m)	saratān	سرطان
sclérose (f)	eskeleroz	اسكلروز
sclérose (f) en plaques	eskeleroz čandgāne	اسكلروز چندگانه

alcoolisme (m)	alkolism	الكليسم
alcoolique (m)	alkoli	الكلى
syphilis (f)	siflis	سيفليس
SIDA (m)	eydz	ايدز

tumeur (f)	tumor	تومور
maligne (adj)	bad xim	بد خيم
bénigne (adj)	xoš xim	خوش خيم

fièvre (f)	tab	تب
malaria (f)	mālāriyā	مالاريا
gangrène (f)	qānqāriyā	قانقاريا
mal (m) de mer	daryā-zadegi	دريازدگى
épilepsie (f)	sar'	صرع

épidémie (f)	epidemi	اپيدمى
typhus (m)	hasbe	حصبه
tuberculose (f)	sel	سل
choléra (m)	vabā	وبا
peste (f)	tā'un	طاعون

69. Les symptômes. Le traitement. Partie 1

symptôme (m)	alāem-e bimāri	علائم بيمارى
température (f)	damā	دما
fièvre (f)	tab	تب
pouls (m)	nabz	نبض

vertige (m)	sargije	سرگيجه
chaud (adj)	dāq	داغ
frisson (m)	ra'še	رعشه
pâle (adj)	rang paride	رنگ پريده

toux (f)	sorfe	سرفه
tousser (vi)	sorfe kardan	سرفه كردن
éternuer (vi)	atse kardan	عطسه كردن
évanouissement (m)	qaš	غش

s'évanouir (vp)	qaš kardan	غش کردن
bleu (m)	kabudi	کبودی
bosse (f)	barāmadegi	برآمدگی
se heurter (vp)	barxord kardan	برخورد کردن
meurtrissure (f)	kuftegi	کوفتگی
se faire mal	zarb didan	ضرب دیدن

boiter (vi)	langidan	لنگیدن
foulure (f)	dar raftegi	دررفتگی
se démettre (l'épaule, etc.)	dar raftan	دررفتن
fracture (f)	šekastegi	شکستگی
avoir une fracture	dočār-e šekastegi šodan	دچار شکستگی شدن

coupure (f)	boridegi	بریدگی
se couper (~ le doigt)	boridan	بریدن
hémorragie (f)	xunrizi	خونریزی

brûlure (f)	suxtegi	سوختگی
se brûler (vp)	dočār-e suxtegi šodan	دچار سوختگی شدن

se piquer (le doigt)	surāx kardan	سوراخ کردن
se piquer (vp)	surāx kardan	سوراخ کردن
blesser (vt)	āsib resāndan	آسیب رساندن
blessure (f)	zaxm	زخم
plaie (f) (blessure)	zaxm	زخم
trauma (m)	zarbe	ضربه

délirer (vi)	hazyān goftan	هذیان گفتن
bégayer (vi)	loknat dāštan	لکنت داشتن
insolation (f)	āftāb-zadegi	آفتابزدگی

70. Les symptômes. Le traitement. Partie 2

douleur (f)	dard	درد
écharde (f)	xār	خار

sueur (f)	araq	عرق
suer (vi)	araq kardan	عرق کردن
vomissement (m)	estefrāq	استفراغ
spasmes (m pl)	tašannoj	تشنج

enceinte (adj)	bārdār	باردار
naître (vi)	motevalled šodan	متولد شدن
accouchement (m)	vaz'-e haml	وضع حمل
accoucher (vi)	be donyā āvardan	به دنیا آوردن
avortement (m)	seqt-e janin	سقط جنین

respiration (f)	tanaffos	تنفس
inhalation (f)	estenšāq	استنشاق
expiration (f)	bāzdam	بازدم
expirer (vi)	bāzdamidan	بازدمیدن
inspirer (vi)	nafas kešidan	نفس کشیدن
invalide (m)	ma'lul	معلول
handicapé (m)	falaj	فلج

drogué (m)	mo'tād	معتاد
sourd (adj)	kar	کر
muet (adj)	lāl	لال
sourd-muet (adj)	kar-o lāl	کر و لال
fou (adj)	divāne	دیوانه
fou (m)	divāne	دیوانه
folle (f)	divāne	دیوانه
devenir fou	divāne šodan	دیوانه شدن
gène (m)	žen	ژن
immunité (f)	masuniyat	مصونیت
héréditaire (adj)	mowrusi	موروثی
congénital (adj)	mādarzād	مادرزاد
virus (m)	virus	ویروس
microbe (m)	mikrob	میکروب
bactérie (f)	bākteri	باکتری
infection (f)	ofunat	عفونت

71. Les symptômes. Le traitement. Partie 3

hôpital (m)	bimārestān	بیمارستان
patient (m)	bimār	بیمار
diagnostic (m)	tašxis	تشخیص
cure (f) (faire une ~)	mo'āleje	معالجه
traitement (m)	darmān	درمان
se faire soigner	darmān šodan	درمان شدن
traiter (un patient)	mo'āleje kardan	معالجه کردن
soigner (un malade)	parastāri kardan	پرستاری کردن
soins (m pl)	parastāri	پرستاری
opération (f)	amal-e jarrāhi	عمل جراحی
panser (vt)	pānsemān kardan	پانسمان کردن
pansement (m)	pānsemān	پانسمان
vaccination (f)	vāksināsyon	واکسیناسیون
vacciner (vt)	vāksine kardan	واکسینه کردن
piqûre (f)	tazriq	تزریق
faire une piqûre	tazriq kardan	تزریق کردن
crise, attaque (f)	hamle	حمله
amputation (f)	qat'-e ozv	قطع عضو
amputer (vt)	qat' kardan	قطع کردن
coma (m)	komā	کما
être dans le coma	dar komā budan	در کما بودن
réanimation (f)	morāqebat-e viže	مراقبت ویژه
se rétablir (vp)	behbud yāftan	بهبود یافتن
état (m) (de sante)	hālat	حالت
conscience (f)	huš	هوش
mémoire (f)	hāfeze	حافظه
arracher (une dent)	dandān kešidan	دندان کشیدن

69

| plombage (m) | por kardan | پر کردن |
| plomber (vt) | por kardan | پر کردن |

| hypnose (f) | hipnotizm | هیپنوتیزم |
| hypnotiser (vt) | hipnotizm kardan | هیپنوتیزم کردن |

72. Les médecins

médecin (m)	pezešk	پزشک
infirmière (f)	parastār	پرستار
médecin (m) personnel	pezešk-e šaxsi	پزشک شخصی

dentiste (m)	dandān pezešk	دندان پزشک
ophtalmologiste (m)	češm-pezešk	چشم پزشک
généraliste (m)	pezešk omumi	پزشک عمومی
chirurgien (m)	jarrāh	جراح

psychiatre (m)	ravānpezešk	روانپزشک
pédiatre (m)	pezešk-e kudakān	پزشک کودکان
psychologue (m)	ravānšenās	روانشناس
gynécologue (m)	motexasses-e zanān	متخصص زنان
cardiologue (m)	motexasses-e qalb	متخصص قلب

73. Les médicaments. Les accessoires

médicament (m)	dāru	دارو
remède (m)	darmān	درمان
prescrire (vt)	tajviz kardan	تجویز کردن
ordonnance (f)	nosxe	نسخه

comprimé (m)	qors	قرص
onguent (m)	pomād	پماد
ampoule (f)	āmpul	آمپول
mixture (f)	šarbat	شربت
sirop (m)	šarbat	شربت
pilule (f)	kapsul	کپسول
poudre (f)	pudr	پودر

bande (f)	bānd	باند
coton (m) (ouate)	panbe	پنبه
iode (m)	yod	ید

sparadrap (m)	časb-e zaxm	چسب زخم
compte-gouttes (m)	qatre čekān	قطره چکان
thermomètre (m)	damāsanj	دماسنج
seringue (f)	sorang	سرنگ

| fauteuil (m) roulant | vilčer | ویلچر |
| béquilles (f pl) | čub zir baqal | چوب زیر بغل |

| anesthésique (m) | mosaken | مسکن |
| purgatif (m) | moshel | مسهل |

alcool (m)	alkol	الکل
herbe (f) médicinale	giyāhān-e dāruyi	گیاهان دارویی
d'herbes (adj)	giyāhi	گیاهی

74. Le tabac et ses produits dérivés

tabac (m)	tutun	توتون
cigarette (f)	sigār	سیگار
cigare (f)	sigār	سیگار
pipe (f)	pip	پیپ
paquet (m)	baste	بسته

allumettes (f pl)	kebrit	کبریت
boîte (f) d'allumettes	quti-ye kebrit	قوطی کبریت
briquet (m)	fandak	فندک
cendrier (m)	zir-sigāri	زیرسیگاری
étui (m) à cigarettes	quti-ye sigār	قوطی سیگار

| fume-cigarette (m) | čub-e sigār | چوب سیگار |
| filtre (m) | filter | فیلتر |

fumer (vi, vt)	sigār kešidan	سیگار کشیدن
allumer une cigarette	sigār rowšan kardan	سیگار روشن کردن
tabagisme (m)	sigār kešidan	سیگار کشیدن
fumeur (m)	sigāri	سیگاری

mégot (m)	tah-e sigār	ته سیگار
fumée (f)	dud	دود
cendre (f)	xākestar	خاکستر

L'HABITAT HUMAIN

La ville

75. La ville. La vie urbaine

ville (f)	šahr	شهر
capitale (f)	pāytaxt	پایتخت
village (m)	rustā	روستا
plan (m) de la ville	naqše-ye šahr	نقشهٔ شهر
centre-ville (m)	markaz-e šahr	مرکز شهر
banlieue (f)	hume-ye šahr	حومهٔ شهر
de banlieue (adj)	hume-ye šahr	حومهٔ شهر
périphérie (f)	hume	حومه
alentours (m pl)	hume	حومه
quartier (m)	mahalle	محله
quartier (m) résidentiel	mahalle-ye maskuni	محلهٔ مسکونی
trafic (m)	obur-o morur	عبور و مرور
feux (m pl) de circulation	čerāq-e rāhnamā	چراغ راهنما
transport (m) urbain	haml-o naql-e šahri	حمل و نقل شهری
carrefour (m)	čahārrāh	چهارراه
passage (m) piéton	xatt-e āber-e piyāde	خط عابرپیاده
passage (m) souterrain	zir-e gozar	زیر گذر
traverser (vt)	obur kardan	عبور کردن
piéton (m)	piyāde	پیاده
trottoir (m)	piyāde row	پیاده رو
pont (m)	pol	پل
quai (m)	xiyābān-e sāheli	خیابان ساحلی
fontaine (f)	češme	چشمه
allée (f)	bāq rāh	باغ راه
parc (m)	pārk	پارک
boulevard (m)	bolvār	بولوار
place (f)	meydān	میدان
avenue (f)	xiyābān	خیابان
rue (f)	xiyābān	خیابان
ruelle (f)	kuče	کوچه
impasse (f)	bon bast	بن بست
maison (f)	xāne	خانه
édifice (m)	sāxtemān	ساختمان
gratte-ciel (m)	āsemānxarāš	آسمانخراش
façade (f)	namā	نما
toit (m)	bām	بام

fenêtre (f)	panjere	پنجره
arc (m)	tāq-e qowsi	طاق قوسی
colonne (f)	sotun	ستون
coin (m)	nabš	نبش

vitrine (f)	vitrin	ویترین
enseigne (f)	tāblo	تابلو
affiche (f)	poster	پوستر
affiche (f) publicitaire	poster-e tabliqāti	پوستر تبلیغاتی
panneau-réclame (m)	bilbord	بیلبورد

ordures (f pl)	āšqāl	آشغال
poubelle (f)	satl-e āšqāl	سطل آشغال
jeter à terre	kasif kardan	کثیف کردن
décharge (f)	jā-ye dafn-e āšqāl	جای دفن آشغال

cabine (f) téléphonique	kābin-e telefon	کابین تلفن
réverbère (m)	tir-e barq	تیر برق
banc (m)	nimkat	نیمکت

policier (m)	polis	پلیس
police (f)	polis	پلیس
clochard (m)	gedā	گدا
sans-abri (m)	bi xānomān	بی خانمان

76. Les institutions urbaines

magasin (m)	maqāze	مغازه
pharmacie (f)	dāruxāne	داروخانه
opticien (m)	eynak foruši	عینک فروشی
centre (m) commercial	markaz-e tejāri	مرکز تجاری
supermarché (m)	supermārket	سوپرمارکت

boulangerie (f)	nānvāyi	نانوایی
boulanger (m)	nānvā	نانوا
pâtisserie (f)	qannādi	قنادی
épicerie (f)	baqqāli	بقالی
boucherie (f)	gušt foruši	گوشت فروشی

| magasin (m) de légumes | sabzi foruši | سبزی فروشی |
| marché (m) | bāzār | بازار |

salon (m) de café	kāfe	کافه
restaurant (m)	resturān	رستوران
brasserie (f)	bār	بار
pizzeria (f)	pitzā-foruši	پیتزا فروشی

salon (m) de coiffure	ārāyešgāh	آرایشگاه
poste (f)	post	پست
pressing (m)	xošk-šuyi	خشک‌شویی
atelier (m) de photo	ātulye-ye akkāsi	آتلیۀ عکاسی

| magasin (m) de chaussures | kafš foruši | کفش فروشی |
| librairie (f) | ketāb-foruši | کتاب فروشی |

magasin (m) d'articles de sport	maqāze-ye varzeši	مغازهٔ ورزشی
atelier (m) de retouche	ta'mir-e lebās	تعمیر لباس
location (f) de vêtements	kerāye-ye lebās	کرایهٔ لباس
location (f) de films	kerāye-ye film	کرایهٔ فیلم

cirque (m)	sirak	سیرک
zoo (m)	bāq-e vahš	باغ وحش
cinéma (m)	sinamā	سینما
musée (m)	muze	موزه
bibliothèque (f)	ketābxāne	کتابخانه

théâtre (m)	teātr	تئاتر
opéra (m)	operā	اپرا
boîte (f) de nuit	kābāre	کاباره
casino (m)	kāzino	کازینو

mosquée (f)	masjed	مسجد
synagogue (f)	kenešt	کنشت
cathédrale (f)	kelisā-ye jāme'	کلیسای جامع
temple (m)	ma'bad	معبد
église (f)	kelisā	کلیسا

institut (m)	anistito	انستیتو
université (f)	dānešgāh	دانشگاه
école (f)	madrese	مدرسه

préfecture (f)	ostāndāri	استانداری
mairie (f)	šahrdāri	شهرداری
hôtel (m)	hotel	هتل
banque (f)	bānk	بانک

ambassade (f)	sefārat	سفارت
agence (f) de voyages	āžāns-e jahāngardi	آژانس جهانگردی
bureau (m) d'information	daftar-e ettelāāt	دفتر اطلاعات
bureau (m) de change	sarrāfi	صرافی

| métro (m) | metro | مترو |
| hôpital (m) | bimārestān | بیمارستان |

| station-service (f) | pomp-e benzin | پمپ بنزین |
| parking (m) | pārking | پارکینگ |

77. Les transports en commun

autobus (m)	otobus	اتوبوس
tramway (m)	terāmvā	تراموا
trolleybus (m)	otobus-e barqi	اتوبوس برقی
itinéraire (m)	xat	خط
numéro (m)	šomāre	شماره

prendre ...	raftan bā	رفتن با
monter (dans l'autobus)	savār šodan	سوار شدن
descendre de ...	piyāde šodan	پیاده شدن
arrêt (m)	istgāh-e otobus	ایستگاه اتوبوس

arrêt (m) prochain	istgāh-e ba'di	ایستگاه بعدی
terminus (m)	istgāh-e āxar	ایستگاه آخر
horaire (m)	barnāme	برنامه
attendre (vt)	montazer budan	منتظر بودن

ticket (m)	belit	بلیط
prix (m) du ticket	qeymat-e belit	قیمت بلیت

caissier (m)	sanduqdār	صندوقدار
contrôle (m) des tickets	kontorol-e belit	کنترل بلیط
contrôleur (m)	kontorol či	کنترل چی

être en retard	ta'xir dāštan	تأخیرداشتن
rater (~ le train)	az dast dādan	از دست دادن
se dépêcher	ajale kardan	عجله کردن

taxi (m)	tāksi	تاکسی
chauffeur (m) de taxi	rānande-ye tāksi	راننده تاکسی
en taxi	bā tāksi	با تاکسی
arrêt (m) de taxi	istgāh-e tāksi	ایستگاه تاکسی
appeler un taxi	tāksi gereftan	تاکسی گرفتن
prendre un taxi	tāksi gereftan	تاکسی گرفتن

trafic (m)	obur-o morur	عبور و مرور
embouteillage (m)	terāfik	ترافیک
heures (f pl) de pointe	sā'at-e šoluqi	ساعت شلوغی
se garer (vp)	pārk kardan	پارک کردن
garer (vt)	pārk kardan	پارک کردن
parking (m)	pārking	پارکینگ

métro (m)	metro	مترو
station (f)	istgāh	ایستگاه
prendre le métro	bā metro raftan	با مترو رفتن
train (m)	qatār	قطار
gare (f)	istgāh-e rāh-e āhan	ایستگاه راه آهن

78. Le tourisme

monument (m)	mojassame	مجسمه
forteresse (f)	qal'e	قلعه
palais (m)	kāx	کاخ
château (m)	qal'e	قلعه
tour (f)	borj	برج
mausolée (m)	ārāmgāh	آرامگاه

architecture (f)	me'māri	معماری
médiéval (adj)	qorun-e vasati	قرون وسطی
ancien (adj)	qadimi	قدیمی
national (adj)	melli	ملی
connu (adj)	mašhur	مشهور

touriste (m)	turist	توریست
guide (m) (personne)	rāhnamā-ye tur	راهنمای تور
excursion (f)	gardeš	گردش

| montrer (vt) | nešān dādan | نشان دادن |
| raconter (une histoire) | hekāyat kardan | حکایت کردن |

trouver (vt)	peydā kardan	پیدا کردن
se perdre (vp)	gom šodan	گم شدن
plan (m) (du metro, etc.)	naqše	نقشه
carte (f) (de la ville, etc.)	naqše	نقشه

souvenir (m)	sowqāti	سوغاتی
boutique (f) de souvenirs	forušgāh-e sowqāti	فروشگاه سوغاتی
prendre en photo	aks gereftan	عکس گرفتن
se faire prendre en photo	aks gereftan	عکس گرفتن

79. Le shopping

acheter (vt)	xarid kardan	خرید کردن
achat (m)	xarid	خرید
faire des achats	xarid kardan	خرید کردن
shopping (m)	xarid	خرید

| être ouvert | bāz budan | باز بودن |
| être fermé | baste budan | بسته بودن |

chaussures (f pl)	kafš	کفش
vêtement (m)	lebās	لباس
produits (m pl) de beauté	lavāzem-e ārāyeši	لوازم آرایشی
produits (m pl) alimentaires	mavādd-e qazāyi	مواد غذایی
cadeau (m)	hedye	هدیه

| vendeur (m) | forušande | فروشنده |
| vendeuse (f) | forušande-ye zan | فروشنده زن |

caisse (f)	sanduq	صندوق
miroir (m)	āyene	آینه
comptoir (m)	pišxān	پیشخوان
cabine (f) d'essayage	otāq porov	اتاق پرو

essayer (robe, etc.)	emtehān kardan	امتحان کردن
aller bien (robe, etc.)	monāseb budan	مناسب بودن
plaire (être apprécié)	dust dāštan	دوست داشتن

prix (m)	qeymat	قیمت
étiquette (f) de prix	barčasb-e qeymat	برچسب قیمت
coûter (vt)	qeymat dāštan	قیمت داشتن
Combien?	čeqadr?	چقدر؟
rabais (m)	taxfif	تخفیف

pas cher (adj)	arzān	ارزان
bon marché (adj)	arzān	ارزان
cher (adj)	gerān	گران
C'est cher	gerān ast	گران است

| location (f) | kerāye | کرایه |
| louer (une voiture, etc.) | kerāye kardan | کرایه کردن |

| crédit (m) | vām | وام |
| à crédit (adv) | xarid-e e'tebāri | خرید اعتباری |

80. L'argent

argent (m)	pul	پول
échange (m)	tabdil-e arz	تبدیل ارز
cours (m) de change	nerx-e arz	نرخ ارز
distributeur (m)	xodpardāz	خودپرداز
monnaie (f)	sekke	سکه

| dollar (m) | dolār | دلار |
| euro (m) | yuro | یورو |

lire (f)	lire	لیره
mark (m) allemand	mārk	مارک
franc (m)	farānak	فرانک
livre sterling (f)	pond-e esterling	پوند استرلینگ
yen (m)	yen	ین

dette (f)	qarz	قرض
débiteur (m)	bedehkār	بدهکار
prêter (vt)	qarz dādan	قرض دادن
emprunter (vt)	qarz gereftan	قرض گرفتن

banque (f)	bānk	بانک
compte (m)	hesāb-e bānki	حساب بانکی
verser (dans le compte)	rixtan	ریختن
verser dans le compte	be hesāb rixtan	به حساب ریختن
retirer du compte	az hesāb bardāštan	از حساب برداشتن

carte (f) de crédit	kārt-e e'tebāri	کارت اعتباری
espèces (f pl)	pul-e naqd	پول نقد
chèque (m)	ček	چک
faire un chèque	ček neveštan	چک نوشتن
chéquier (m)	daste-ye ček	دسته چک

portefeuille (m)	kif-e pul	کیف پول
bourse (f)	kif-e pul	کیف پول
coffre fort (m)	gāvsanduq	گاوصندوق

héritier (m)	vāres	وارث
héritage (m)	mirās	میراث
fortune (f)	dārāyi	دارایی

location (f)	ejāre	اجاره
loyer (m) (argent)	kerāye-ye xāne	کرایۀ خانه
louer (prendre en location)	ejāre kardan	اجاره کردن

prix (m)	qeymat	قیمت
coût (m)	arzeš	ارزش
somme (f)	jam'-e kol	جمع کل
dépenser (vt)	xarj kardan	خرج کردن
dépenses (f pl)	maxārej	مخارج

| économiser (vt) | sarfeju-yi kardan | صرفه جویی کردن |
| économe (adj) | maqrun besarfe | مقرون به صرفه |

payer (régler)	pardāxtan	پرداختن
paiement (m)	pardāxt	پرداخت
monnaie (f) (rendre la ~)	pul-e xerad	پول خرد

impôt (m)	māliyāt	مالیات
amende (f)	jarime	جریمه
mettre une amende	jarime kardan	جریمه کردن

81. La poste. Les services postaux

poste (f)	post	پست
courrier (m) (lettres, etc.)	post	پست
facteur (m)	nāme resān	نامه رسان
heures (f pl) d'ouverture	sā'athā-ye kāri	ساعت های کاری

lettre (f)	nāme	نامه
recommandé (m)	nāme-ye sefāreši	نامه سفارشی
carte (f) postale	kārt-e postāl	کارت پستال
télégramme (m)	telegrām	تلگرام
colis (m)	baste posti	بسته پستی
mandat (m) postal	havāle	حواله

recevoir (vt)	gereftan	گرفتن
envoyer (vt)	ferestādan	فرستادن
envoi (m)	ersāl	ارسال

adresse (f)	nešāni	نشانی
code (m) postal	kod-e posti	کد پستی
expéditeur (m)	ferestande	فرستنده
destinataire (m)	girande	گیرنده

| prénom (m) | esm | اسم |
| nom (m) de famille | nām-e xānevādegi | نام خانوادگی |

tarif (m)	ta'refe	تعرفه
normal (adj)	ādi	عادی
économique (adj)	ādi	عادی

poids (m)	vazn	وزن
peser (~ les lettres)	vazn kardan	وزن کردن
enveloppe (f)	pākat	پاکت
timbre (m)	tambr	تمبر
timbrer (vt)	tamr zadan	تمبر زدن

Le logement. La maison. Le foyer

82. La maison. Le logis

maison (f)	xāne	خانه
chez soi	dar xāne	در خانه
cour (f)	hayāt	حياط
clôture (f)	hesār	حصار
brique (f)	ājor	آجر
en brique (adj)	ājori	آجرى
pierre (f)	sang	سنگ
en pierre (adj)	sangi	سنگى
béton (m)	boton	بتن
en béton (adj)	botoni	بتنى
neuf (adj)	jadid	جديد
vieux (adj)	qadimi	قديمى
délabré (adj)	maxrube	مخروبه
moderne (adj)	modern	مدرن
à plusieurs étages	čandtabaqe	چندطبقه
haut (adj)	boland	بلند
étage (m)	tabaqe	طبقه
sans étage (adj)	yek tabaqe	يک طبقه
rez-de-chaussée (m)	tabaqe-ye pāin	طبقۀ پائين
dernier étage (m)	tabaqe-ye bālā	طبقۀ بالا
toit (m)	bām	بام
cheminée (f)	dudkeš	دودكش
tuile (f)	saqf-e kazeb	سقف كاذب
en tuiles (adj)	sofāli	سفالى
grenier (m)	zir-širvāni	زيرشيروانى
fenêtre (f)	panjere	پنجره
vitre (f)	šiše	شيشه
rebord (m)	tāqče-ye panjare	طاقچۀ پنجره
volets (m pl)	kerkere	كركره
mur (m)	divār	ديوار
balcon (m)	bālkon	بالكن
gouttière (f)	nāvdān	ناودان
en haut (à l'étage)	bālā	بالا
monter (vi)	bālā raftan	بالا رفتن
descendre (vi)	pāyin āmadan	پايين آمدن
déménager (vi)	ashābkeši kardan	اسباب كشى كردن

83. La maison. L'entrée. L'ascenseur

entrée (f)	darb-e vorudi	درب ورودی
escalier (m)	pellekān	پلکان
marches (f pl)	pelle-hā	پله ها
rampe (f)	narde	نرده
hall (m)	lābi	لابی
boîte (f) à lettres	sanduq-e post	صندوق پست
poubelle (f) d'extérieur	zobāle dān	زباله دان
vide-ordures (m)	šuting zobale	شوتینگ زباله
ascenseur (m)	āsānsor	آسانسور
monte-charge (m)	bālābar	بالابر
cabine (f)	kābin-e āsānsor	کابین آسانسور
prendre l'ascenseur	āsānsor gereftan	آسانسور گرفتن
appartement (m)	āpārtemān	آپارتمان
locataires (m pl)	sākenān	ساکنان
voisin (m)	hamsāye	همسایه
voisine (f)	hamsāye	همسایه
voisins (m pl)	hamsāye-hā	همسایه ها

84. La maison. La porte. La serrure

porte (f)	darb	درب
portail (m)	darvāze	دروازه
poignée (f)	dastgire-ye dar	دستگیرهٔ در
déverrouiller (vt)	bāz kardan	باز کردن
ouvrir (vt)	bāz kardan	باز کردن
fermer (vt)	bastan	بستن
clé (f)	kelid	کلید
trousseau (m), jeu (m)	daste	دسته
grincer (la porte)	qežqež kardan	غژغژ کردن
grincement (m)	qež qež	غژ غژ
gond (m)	lowlā	لولا
paillasson (m)	pādari	پادری
serrure (f)	qofl	قفل
trou (m) de la serrure	surāx kelid	سوراخ کلید
verrou (m)	kolun-e dar	کلون در
loquet (m)	čeft	چفت
cadenas (m)	qofl	قفل
sonner (à la porte)	zang zadan	زنگ زدن
sonnerie (f)	zang	زنگ
sonnette (f)	zang-e dar	زنگ در
bouton (m)	zang	زنگ
coups (m pl) à la porte	dar zadan	درزدن
frapper (~ à la porte)	dar zadan	درزدن
code (m)	kod	کد
serrure (f) à combinaison	qofl-e ramz dār	قفل رمز دار

| interphone (m) | āyfon | آیفون |
| numéro (m) | pelāk-e manzel | پلاک منزل |

| plaque (f) de porte | pelāk | پلاک |
| judas (m) | češmi | چشمی |

85. La maison de campagne

| village (m) | rustā | روستا |
| potager (m) | jāliz | جالیز |

palissade (f)	parčin	پرچین
clôture (f)	hesār	حصار
portillon (m)	darvāze	دروازه

grange (f)	anbār	انبار
cave (f)	zirzamin	زیرزمین
abri (m) de jardin	ālonak	آلونک
puits (m)	čāh	چاه

poêle (m) (~ à bois)	boxāri	بخاری
chauffer le poêle	rowšan kardan-e boxāri	روشن کردن بخاری
bois (m) de chauffage	hizom	هیزم
bûche (f)	kande-ye čub	کندۀ چوب

véranda (f)	eyvān-e sarpušide	ایوان سرپوشیده
terrasse (f)	terās	تراس
perron (m) d'entrée	vorudi-e xāne	ورودی خانه
balançoire (f)	tāb	تاب

86. Le château. Le palais

château (m)	qal'e	قلعه
palais (m)	kāx	کاخ
forteresse (f)	qal'e	قلعه

muraille (f)	divār	دیوار
tour (f)	borj	برج
donjon (m)	borj-e asli	برج اصلی

herse (f)	darb-e kešowyi	درب کشویی
souterrain (m)	rāh-e zirzamini	راه زیرزمینی
douve (f)	xandaq	خندق

| chaîne (f) | zanjir | زنجیر |
| meurtrière (f) | mazqal | مزغل |

| magnifique (adj) | mojallal | مجلل |
| majestueux (adj) | bāšokuh | باشکوه |

| inaccessible (adj) | nofoz nāpazir | نفوذ ناپذیر |
| médiéval (adj) | qorun-e vasati | قرون وسطی |

87. L'appartement

appartement (m)	āpārtemān	آپارتمان
chambre (f)	otāq	اتاق
chambre (f) à coucher	otāq-e xāb	اتاق خواب
salle (f) à manger	otāq-e qazāxori	اتاق غذاخوری
salon (m)	mehmānxāne	مهمانخانه
bureau (m)	daftar	دفتر
antichambre (f)	tālār-e vorudi	تالار ورودی
salle (f) de bains	hammām	حمام
toilettes (f pl)	tuālet	توالت
plafond (m)	saqf	سقف
plancher (m)	kaf	کف
coin (m)	guše	گوشه

88. L'appartement. Le ménage

faire le ménage	tamiz kardan	تمیز کردن
ranger (jouets, etc.)	morattab kardan	مرتب کردن
poussière (f)	gard	گرد
poussiéreux (adj)	gard ālud	گرد آلود
essuyer la poussière	gardgiri kardan	گردگیری کردن
aspirateur (m)	jāru barqi	جارو برقی
passer l'aspirateur	jāru barq-i kešidan	جارو برقی کشیدن
balayer (vt)	jāru kardan	جارو کردن
balayures (f pl)	āšqāl	آشغال
ordre (m)	nazm	نظم
désordre (m)	bi nazmi	بی نظمی
balai (m) à franges	jāru-ye dastedār	جاروی دسته دار
torchon (m)	kohne	کهنه
balayette (f) de sorgho	jārub	جاروب
pelle (f) à ordures	xāk andāz	خاک انداز

89. Les meubles. L'intérieur

meubles (m pl)	mobl	مبل
table (f)	miz	میز
chaise (f)	sandali	صندلی
lit (m)	taxt-e xāb	تخت خواب
canapé (m)	kānāpe	کاناپه
fauteuil (m)	mobl-e rāhati	مبل راحتی
bibliothèque (f) (meuble)	qafase-ye ketāb	قفسه کتاب
rayon (m)	qafase	قفسه
armoire (f)	komod	کمد
patère (f)	raxt āviz	رخت آویز

portemanteau (m)	čub lebāsi	چوب لباسی
commode (f)	komod	کمد
table (f) basse	miz-e pišdasti	میز پیشدستی

miroir (m)	āyene	آینه
tapis (m)	farš	فرش
petit tapis (m)	qāliče	قالیچه

cheminée (f)	šumine	شومینه
bougie (f)	šam'	شمع
chandelier (m)	šam'dān	شمعدان

rideaux (m pl)	parde	پرده
papier (m) peint	kāqaz-e divāri	کاغذ دیواری
jalousie (f)	kerkere	کرکره

lampe (f) de table	čerāq-e rumizi	چراغ رومیزی
applique (f)	čerāq-e divāri	چراغ دیواری
lampadaire (m)	ābāžur	آباژور
lustre (m)	luster	لوستر

pied (m) (~ de la table)	pāye	پایه
accoudoir (m)	daste-ye sandali	دستۀ صندلی
dossier (m)	pošti	پشتی
tiroir (m)	kešow	کشو

90. La literie

linge (m) de lit	raxt-e xāb	رخت خواب
oreiller (m)	bālešt	بالشت
taie (f) d'oreiller	rubalešt	روبالشت
couverture (f)	patu	پتو
drap (m)	malāfe	ملافه
couvre-lit (m)	rutaxti	روتختی

91. La cuisine

cuisine (f)	āšpazxāne	آشپزخانه
gaz (m)	gāz	گاز
cuisinière (f) à gaz	ojāgh-e gāz	اجاق گاز
cuisinière (f) électrique	ojāgh-e barghi	اجاق برقی
four (m)	fer	فر
four (m) micro-ondes	māykrofer	مایکروفر

réfrigérateur (m)	yaxčāl	یخچال
congélateur (m)	fereyzer	فریزر
lave-vaisselle (m)	māšin-e zarfšuyi	ماشین ظرفشویی

hachoir (m) a viande	čarx-e gušt	چرخ گوشت
centrifugeuse (f)	ābmive giri	آبمیوه گیری
grille-pain (m)	towster	توستر
battour (m)	maxlut kon	مخلوط کن

machine (f) à café	qahve sāz	قهوه ساز
cafetière (f)	qahve juš	قهوه جوش
moulin (m) à café	āsiyāb-e qahve	آسیاب قهوه

bouilloire (f)	ketri	کتری
théière (f)	quri	قوری
couvercle (m)	sarpuš	سرپوش
passoire (f) à thé	čāy sāf kon	چای صاف کن

cuillère (f)	qāšoq	قاشق
petite cuillère (f)	qāšoq čāy xori	قاشق چای خوری
cuillère (f) à soupe	qāšoq sup xori	قاشق سوپ خوری
fourchette (f)	čangāl	چنگال
couteau (m)	kārd	کارد

vaisselle (f)	zoruf	ظروف
assiette (f)	bošqāb	بشقاب
soucoupe (f)	na'lbeki	نعلبکی

verre (m) à shot	gilās-e vodkā	گیلاس ودکا
verre (m) (~ d'eau)	estekān	استکان
tasse (f)	fenjān	فنجان

sucrier (m)	qandān	قندان
salière (f)	namakdān	نمکدان
poivrière (f)	felfeldān	فلفلدان
beurrier (m)	zarf-e kare	ظرف کره

casserole (f)	qāblame	قابلمه
poêle (f)	tābe	تابه
louche (f)	malāqe	ملاقه
passoire (f)	ābkeš	آبکش
plateau (m)	sini	سینی

bouteille (f)	botri	بطری
bocal (m) (à conserves)	šiše	شیشه
boîte (f) en fer-blanc	quti	قوطی

ouvre-bouteille (m)	dar bāz kon	در بازکن
ouvre-boîte (m)	dar bāz kon	در بازکن
tire-bouchon (m)	dar bāz kon	در بازکن
filtre (m)	filter	فیلتر
filtrer (vt)	filter kardan	فیلتر کردن

ordures (f pl)	āšqāl	آشغال
poubelle (f)	satl-e zobāle	سطل زباله

92. La salle de bains

salle (f) de bains	hammām	حمام
eau (f)	āb	آب
robinet (m)	šir	شیر
eau (f) chaude	āb-e dāq	آب داغ
eau (f) froide	āb-e sard	آب سرد

dentifrice (m)	xamir-e dandān	خمیر دندان
se brosser les dents	mesvāk zadan	مسواک زدن
brosse (f) à dents	mesvāk	مسواک
se raser (vp)	riš tarāšidan	ریش تراشیدن
mousse (f) à raser	xamir-e eslāh	خمیر اصلاح
rasoir (m)	tiq	تیغ
laver (vt)	šostan	شستن
se laver (vp)	hamām kardan	حمام کردن
douche (f)	duš	دوش
prendre une douche	duš gereftan	دوش گرفتن
baignoire (f)	vān hammām	وان حمام
cuvette (f)	tuālet-e farangi	توالت فرنگی
lavabo (m)	sink	سینک
savon (m)	sābun	صابون
porte-savon (m)	jā sābun	جا صابون
éponge (f)	abr	ابر
shampooing (m)	šāmpu	شامپو
serviette (f)	howle	حوله
peignoir (m) de bain	howle-ye hamām	حوله حمام
lessive (f) (faire la ~)	raxčuyi	لباسشویی
machine (f) à laver	māšin-e lebas-šui	ماشین لباسشویی
faire la lessive	šostan-e lebās	شستن لباس
lessive (f) (poudre)	pudr-e lebas-šui	پودر لباسشویی

93. Les appareils électroménagers

téléviseur (m)	televiziyon	تلویزیون
magnétophone (m)	zabt-e sowt	ضبط صوت
magnétoscope (m)	video	ویدئو
radio (f)	rādiyo	رادیو
lecteur (m)	paxš konande	پخش کننده
vidéoprojecteur (m)	video porožektor	ویدئو پروژکتور
home cinéma (m)	sinamā-ye xānegi	سینمای خانگی
lecteur DVD (m)	paxš konande-ye di vi di	پخش کننده دی وی دی
amplificateur (m)	āmpli-fāyer	آمپلی فایر
console (f) de jeux	konsul-e bāzi	کنسول بازی
caméscope (m)	durbin-e filmbardāri	دوربین فیلمبرداری
appareil (m) photo	durbin-e akkāsi	دوربین عکاسی
appareil (m) photo numérique	durbin-e dijitāl	دوربین دیجیتال
aspirateur (m)	jāru barqi	جارو برقی
fer (m) à repasser	oto	اتو
planche (f) a repasser	miz-e oto	میز اتو
téléphone (m)	telefon	تلفن
portable (m)	telefon-e hamrāh	تلفن همراه

| machine (f) à écrire | māšin-e tahrir | ماشین تحریر |
| machine (f) à coudre | čarx-e xayyāti | چرخ خیاطی |

micro (m)	mikrofon	میکروفون
écouteurs (m pl)	guši	گوشی
télécommande (f)	kontorol az rāh-e dur	کنترل از راه دور

CD (m)	si-di	سیدی
cassette (f)	kāst	کاست
disque (m) (vinyle)	safhe-ye gerāmāfon	صفحه گرامافون

94. Les travaux de réparation et de rénovation

rénovation (f)	ta'mir	تعمیر
faire la rénovation	ta'mir kardan	تعمیر کردن
réparer (vt)	ta'mir kardan	تعمیر کردن
remettre en ordre	morattab kardan	مرتب کردن
refaire (vt)	dobāre anjām dādan	دوباره انجام دادن

peinture (f)	rang	رنگ
peindre (des murs)	rang kardan	رنگ کردن
peintre (m) en bâtiment	naqqāš	نقاش
pinceau (m)	qalam mu	قلم مو

| chaux (f) | sefid kāri | سفید کاری |
| blanchir à la chaux | sefid kāri kardan | سفید کاری کردن |

papier (m) peint	kāqaz-e divāri	کاغذ دیواری
tapisser (vt)	kāqaz-e divāri kardan	کاغذ دیواری کردن
vernis (m)	lāk	لاک
vernir (vt)	lāk zadan	لاک زدن

95. La plomberie

eau (f)	āb	آب
eau (f) chaude	āb-e dāq	آب داغ
eau (f) froide	āb-e sard	آب سرد
robinet (m)	šir	شیر

goutte (f)	qatre	قطره
goutter (vi)	čakidan	چکیدن
fuir (tuyau)	našt kardan	نشت کردن
fuite (f)	našt	نشت
flaque (f)	čāle	چاله

tuyau (m)	lule	لوله
valve (f)	šir-e falake	شیر فلکه
se boucher (vp)	masdud šodan	مسدود شدن

outils (m pl)	abzār	ابزار
clé (f) réglable	āčār-e farānse	آچار فرانسه
dévisser (vt)	bāz kardan	باز کردن

visser (vt)	pič kardan	پیچ کردن
déboucher (vt)	lule bāz kardan	لوله باز کردن
plombier (m)	lule keš	لوله کش
sous-sol (m)	zirzamin	زیرزمین
égouts (m pl)	fāzelāb	فاضلاب

96. L'incendie

feu (m)	ātaš suzi	آتش سوزی
flamme (f)	šo'le	شعله
étincelle (f)	jaraqqe	جرقه
fumée (f)	dud	دود
flambeau (m)	maš'al	مشعل
feu (m) de bois	ātaš	آتش

essence (f)	benzin	بنزین
kérosène (m)	naft-e sefid	نفت سفید
inflammable (adj)	sutani	سوختنی
explosif (adj)	mavādd-e monfajere	مواد منفجره
DÉFENSE DE FUMER	sigār kešidan mamnu'	سیگار کشیدن ممنوع

sécurité (f)	amniyat	امنیت
danger (m)	xatar	خطر
dangereux (adj)	xatarnāk	خطرناک

prendre feu	ātaš gereftan	آتش گرفتن
explosion (f)	enfejār	انفجار
mettre feu	ātaš zadan	آتش زدن
incendiaire (m)	ātaš afruz	آتش افروز
incendie (m) prémédité	ātaš zadan-e amdi	آتش زدن عمدی

flamboyer (vi)	šo'levar budan	شعله ور بودن
brûler (vi)	suxtan	سوختن
brûler complètement	suxtan	سوختن

appeler les pompiers	ātaš-e nešāni rā xabar kardan	آتش نشانی را خبر کردن
pompier (m)	ātaš nešān	آتش نشان
voiture (f) de pompiers	māšin-e ātašnešāni	ماشین آتش نشانی
sapeurs-pompiers (pl)	tim-e ātašnešāni	تیم آتش نشانی
échelle (f) des pompiers	nardebān-e ātašnešāni	نردبان آتش نشانی

tuyau (m) d'incendie	šelang-e ātaš-nešāni	شلنگ آتش نشانی
extincteur (m)	kapsul-e ātašnešāni	کپسول آتش نشانی
casque (m)	kolāh-e imeni	کلاه ایمنی
sirène (f)	āžir-e xatar	آژیر خطر

crier (vi)	faryād zadan	فریاد زدن
appeler au secours	be komak talabidan	به کمک طلبیدن
secouriste (m)	nejāt-e dahande	نجات دهنده
sauver (vt)	najāt dādan	نجات دادن

| venir (vi) | residan | رسیدن |
| éteindre (feu) | xāmuš kardan | خاموش کردن |

| eau (f) | āb | آب |
| sable (m) | šen | شن |

ruines (f pl)	xarābe	خرابه
tomber en ruine	foru rixtan	فرو ریختن
s'écrouler (vp)	rizeš kardan	ریزش کردن
s'effondrer (vp)	foru rixtan	فرو ریختن

| morceau (m) (de mur, etc.) | qet'e | قطعه |
| cendre (f) | xākestar | خاکستر |

| mourir étouffé | xafe šodan | خفه شدن |
| périr (vi) | košte šodan | کشته شدن |

LES ACTIVITÉS HUMAINS

Le travail. Les affaires. Partie 1

97. Les opérations bancaires

banque (f)	bānk	بانک
agence (f) bancaire	šo'be	شعبه
conseiller (m)	mošāver	مشاور
gérant (m)	modir	مدیر
compte (m)	hesāb-e bānki	حساب بانکی
numéro (m) du compte	šomāre-ye hesāb	شمارۀ حساب
compte (m) courant	hesāb-e jāri	حساب جاری
compte (m) sur livret	hesāb-e pasandāz	حساب پس انداز
ouvrir un compte	hesāb-e bāz kardan	حساب باز کردن
clôturer le compte	hesāb rā bastan	حساب را بستن
verser dans le compte	be hesāb rixtan	به حساب ریختن
retirer du compte	az hesāb bardāštan	از حساب برداشتن
dépôt (m)	seporde	سپرده
faire un dépôt	seporde gozāštan	سپرده گذاشتن
virement (m) bancaire	enteqāl	انتقال
faire un transfert	enteqāl dādan	انتقال دادن
somme (f)	jam'-e kol	جمع کل
Combien?	čeqadr?	چقدر؟
signature (f)	emzā'	امضاء
signer (vt)	emzā kardan	امضا کردن
carte (f) de crédit	kārt-e e'tebāri	کارت اعتباری
code (m)	kod	کد
numéro (m) de carte de crédit	šomāre-ye kārt-e e'tebāri	شماره کارت اعتباری
distributeur (m)	xodpardāz	خودپرداز
chèque (m)	ček	چک
faire un chèque	ček neveštan	چک نوشتن
chéquier (m)	daste-ye ček	دسته چک
crédit (m)	e'tebār	اعتبار
demander un crédit	darxast-e vām kardan	درخواست وام کردن
prendre un crédit	vām gereftan	وام گرفتن
accorder un crédit	vām dādan	وام دادن
gage (m)	zemānat	ضمانت

98. Le téléphone. La conversation téléphonique

téléphone (m)	telefon	تلفن
portable (m)	telefon-e hamrāh	تلفن همراه
répondeur (m)	monši-ye telefoni	منشی تلفنی
téléphoner, appeler	telefon zadan	تلفن زدن
appel (m)	tamās-e telefoni	تماس تلفنی
composer le numéro	šomāre gereftan	شماره گرفتن
Allô!	alo!	الو!
demander (~ l'heure)	porsidan	پرسیدن
répondre (vi, vt)	javāb dādan	جواب دادن
entendre (bruit, etc.)	šenidan	شنیدن
bien (adv)	xub	خوب
mal (adv)	bad	بد
bruits (m pl)	sedā	صدا
récepteur (m)	guši	گوشی
décrocher (vt)	guši rā bar dāštan	گوشی را برداشتن
raccrocher (vi)	guši rā gozāštan	گوشی را گذاشتن
occupé (adj)	mašqul	مشغول
sonner (vi)	zang zadan	زنگ زدن
carnet (m) de téléphone	daftar-e telefon	دفتر تلفن
local (adj)	mahalli	محلی
appel (m) local	telefon-e dāxeli	تلفن داخلی
interurbain (adj)	beyn-e šahri	بین شهری
appel (m) interurbain	telefon-e beyn-e šahri	تلفن بین شهری
international (adj)	beynolmelali	بین المللی
appel (m) international	telefon-e beynolmelali	تلفن بین المللی

99. Le téléphone portable

portable (m)	telefon-e hamrāh	تلفن همراه
écran (m)	namāyešgar	نمایشگر
bouton (m)	dokme	دکمه
carte SIM (f)	sim-e kārt	سیم کارت
pile (f)	bātri	باطری
être déchargé	tamām šodan bātri	تمام شدن باتری
chargeur (m)	šāržer	شارژ
menu (m)	meno	منو
réglages (m pl)	tanzimāt	تنظیمات
mélodie (f)	āhang	آهنگ
sélectionner (vt)	entexāb kardan	انتخاب کردن
calculatrice (f)	māšin-e hesāb	ماشین حساب
répondeur (m)	monši-ye telefoni	منشی تلفنی
réveil (m)	sā'at-e zang dār	ساعت زنگ دار

contacts (m pl)	daftar-e telefon	دفتر تلفن
SMS (m)	payāmak	پیامک
abonné (m)	moštarek	مشترک

100. La papeterie

| stylo (m) à bille | xodkār | خودکار |
| stylo (m) à plume | xodnevis | خودنویس |

crayon (m)	medād	مداد
marqueur (m)	māžik	ماژیک
feutre (m)	māžik	ماژیک

| bloc-notes (m) | daftar-e yāddāšt | دفتر یادداشت |
| agenda (m) | daftar-e yāddāšt | دفتر یادداشت |

règle (f)	xat keš	خط کش
calculatrice (f)	māšin-e hesāb	ماشین حساب
gomme (f)	pāk kon	پاک کن
punaise (f)	punez	پونز
trombone (m)	gire	گیره

colle (f)	časb	چسب
agrafeuse (f)	mangane-ye zan	منگنه زن
perforateur (m)	pānč	پانچ
taille-crayon (m)	madād-e tarāš	مداد تراش

Le travail. Les affaires. Partie 2

101. Les médias de masse

journal (m)	ruznāme	روزنامه
revue (f)	majalle	مجله
presse (f)	matbuāt	مطبوعات
radio (f)	rādiyo	رادیو
station (f) de radio	istgāh-e rādiyoyi	ایستگاه رادیویی
télévision (f)	televiziyon	تلویزیون
animateur (m)	mojri	مجری
présentateur (m) de journaux télévisés	guyande-ye axbār	گوینده اخبار
commentateur (m)	mofasser	مفسر
journaliste (m)	ruznāme negār	روزنامه نگار
correspondant (m)	xabarnegār	خبرنگار
reporter photographe (m)	akkās-e matbuāti	عکاس مطبوعاتی
reporter (m)	gozārešgar	گزارشگر
rédacteur (m)	virāstār	ویراستار
rédacteur (m) en chef	sardabir	سردبیر
s'abonner (vp)	moštarak šodan	مشترک شدن
abonnement (m)	ešterāk	اشتراک
abonné (m)	moštarek	مشترک
lire (vi, vt)	xāndan	خواندن
lecteur (m)	xānande	خواننده
tirage (m)	tirāž	تیراژ
mensuel (adj)	māhāne	ماهانه
hebdomadaire (adj)	haftegi	هفتگی
numéro (m)	šomāre	شماره
nouveau (~ numéro)	tāze	تازه
titre (m)	sar xat-e xabar	سرخط خبر
entrefilet (m)	maqāle-ye kutāh	مقاله کوتاه
rubrique (f)	sotun	ستون
article (m)	maqāle	مقاله
page (f)	safhe	صفحه
reportage (m)	gozāreš	گزارش
événement (m)	vāqe'e	واقعه
sensation (f)	hayajān	هیجان
scandale (m)	janjāl	جنجال
scandaleux	janjāl āvar	جنجال آور
grand (~ scandale)	bozorg	بزرگ
émission (f)	barnāme	برنامه
interview (f)	mosāhebe	مصاحبه

| émission (f) en direct | paxš-e mostaqim | پخش مستقیم |
| chaîne (f) (~ payante) | kānāl | کانال |

102. L'agriculture

agriculture (f)	kešāvarzi	کشاورزی
paysan (m)	dehqān	دهقان
paysanne (f)	dehqān	دهقان
fermier (m)	kešāvarz	کشاورز

| tracteur (m) | terāktor | تراکتور |
| moissonneuse-batteuse (f) | kombāyn | کمباین |

charrue (f)	gāvāhan	گاوآهن
labourer (vt)	šoxm zadan	شخم زدن
champ (m) labouré	zamin āmāde kešt	زمین آماده کشت
sillon (m)	šiyār	شیار

semer (vt)	kāštan	کاشتن
semeuse (f)	bazrpāš	بذرپاش
semailles (f pl)	košt	کشت

| faux (f) | dās | داس |
| faucher (vt) | dero kardan | درو کردن |

| pelle (f) | bil | بیل |
| bêcher (vt) | kandan | کندن |

couperet (m)	kaj bil	کج بیل
sarcler (vt)	vajin kardan	وجین کردن
mauvaise herbe (f)	alaf-e harz	علف هرز

arrosoir (m)	āb pāš	آب پاش
arroser (plantes)	āb dādan	آب دادن
arrosage (m)	ābyāri	آبیاری

| fourche (f) | čangak | چنگک |
| râteau (m) | šen keš | شن کش |

engrais (m)	kud	کود
engraisser (vt)	kud dādan	کود دادن
fumier (m)	kud-e heyvāni	کود حیوانی

champ (m)	sahrā	صحرا
pré (m)	čaman	چمن
potager (m)	jāliz	جالیز
jardin (m)	bāq	باغ

faire paître	čerāndan	چراندن
berger (m)	čupān	چوپان
pâturage (m)	čerā-gāh	چراگاه

| élevage (m) | dāmparvari | دامپروری |
| élevage (m) de moutons | gusfand dāri | گوسفند داری |

plantation (f)	mazrae	مزرعه
plate-bande (f)	radif	رديف
serre (f)	golxāne	گلخانه

| sécheresse (f) | xošksāli | خشكسالی |
| sec (l'été ~) | xošk | خشك |

grains (m pl)	dāne	دانه
céréales (f pl)	qallāt	غلات
récolter (vt)	mahsul-e jam' kardan	محصول جمع كردن

meunier (m)	āsiyābān	آسيابان
moulin (m)	āsiyāb	آسياب
moudre (vt)	qalle kubidan	غله كوبيدن
farine (f)	ārd	آرد
paille (f)	kāh	كاه

103. Le BTP et la construction

chantier (m)	mahal-e sāxt-o sāz	محل ساخت و ساز
construire (vt)	sāxtan	ساختن
ouvrier (m) du bâtiment	kārgar-e sāxtemāni	كارگر ساختمانی

projet (m)	porože	پروژه
architecte (m)	me'mār	معمار
ouvrier (m)	kārgar	كارگر

fondations (f pl)	šālude	شالوده
toit (m)	bām	بام
pieu (m) de fondation	pāye	پايه
mur (m)	divār	ديوار

| ferraillage (m) | milgerd | ميلگرد |
| échafaudage (m) | dārbast | داربست |

béton (m)	boton	بتن
granit (m)	sang-e gerānit	سنگ گرانيت
pierre (f)	sang	سنگ
brique (f)	ājor	آجر

sable (m)	šen	شن
ciment (m)	simān	سيمان
plâtre (m)	gač kāri	گچ كارى
plâtrer (vt)	gačkār-i kardan	گچكارى كردن

peinture (f)	rang	رنگ
peindre (des murs)	rang kardan	رنگ كردن
tonneau (m)	boške	بشكه

grue (f)	jarsaqil	جرثقيل
monter (vt)	boland kardan	بلند كردن
abaisser (vt)	pāin āvardan	پائين آوردن
bulldozer (m)	buldozer	بولدوزر
excavateur (m)	dastgāh-e haffāri	دستگاه حفارى

godet (m)	bil	بیل
creuser (vt)	kandan	کندن
casque (m)	kolāh-e imeni	کلاه ایمنی

Les professions. Les métiers

104. La recherche d'emploi. Le licenciement

travail (m)	kār	کار
employés (pl)	kārmandān	کارمندان
personnel (m)	kādr	کادر
carrière (f)	šoql	شغل
perspective (f)	durnamā	دورنما
maîtrise (f)	mahārat	مهارت
sélection (f)	entexāb	انتخاب
agence (f) de recrutement	āžāns-e kāryābi	آژانس کاریابی
C.V. (m)	rezume	رزومه
entretien (m)	mosāhabe-ye kari	مصاحبه کاری
emploi (m) vacant	post-e xāli	پست خالی
salaire (m)	hoquq	حقوق
salaire (m) fixe	darāmad-e s ābet	درآمد ثابت
rémunération (f)	pardāxt	پرداخت
poste (m) (~ évolutif)	šoql	شغل
fonction (f)	vazife	وظیفه
liste (f) des fonctions	šarh-e vazāyef	شرح وظایف
occupé (adj)	mašqul	مشغول
licencier (vt)	exrāj kardan	اخراج کردن
licenciement (m)	exrāj	اخراج
chômage (m)	bikāri	بیکاری
chômeur (m)	bikār	بیکار
retraite (f)	mostamerri	مستمری
prendre sa retraite	bāznešaste šodan	بازنشسته شدن

105. Les hommes d'affaires

directeur (m)	modir	مدیر
gérant (m)	modir	مدیر
patron (m)	ra'is	رئیس
supérieur (m)	māfowq	مافوق
supérieurs (m pl)	roasā	رؤسا
président (m)	ra'is jomhur	رئیس جمهور
président (m) (d'entreprise)	ra'is	رئیس
adjoint (m)	mo'āven	معاون
assistant (m)	mo'āven	معاون

| secrétaire (m, f) | monši | منشی |
| secrétaire (m, f) personnel | dastyār-e šaxsi | دستیار شخصی |

homme (m) d'affaires	bāzargān	بازرگان
entrepreneur (m)	kārāfarin	کارآفرین
fondateur (m)	moasses	مؤسس
fonder (vt)	ta'sis kardan	تأسیس کردن

fondateur (m)	hamkār	همکار
partenaire (m)	šarik	شریک
actionnaire (m)	sahāmdār	سهامدار

millionnaire (m)	milyuner	میلیونر
milliardaire (m)	milyārder	میلیاردر
propriétaire (m)	sāheb	صاحب
propriétaire (m) foncier	zamin-dār	زمین دار

client (m)	xaridār	خریدار
client (m) régulier	xaridār-e dāemi	خریدار دائمی
acheteur (m)	xaridār	خریدار
visiteur (m)	bāzdid konande	بازدید کننده

professionnel (m)	herfe i	حرفه ای
expert (m)	kāršenās	کارشناس
spécialiste (m)	motexasses	متخصص

| banquier (m) | kārmand-e bānk | کارمند بانک |
| courtier (m) | dallāl-e kārgozār | دلال کارگزار |

caissier (m)	sanduqdār	صندوقدار
comptable (m)	hesābdār	حسابدار
agent (m) de sécurité	negahbān	نگهبان

investisseur (m)	sarmāye gozār	سرمایه گذار
débiteur (m)	bedehkār	بدهکار
créancier (m)	talabkār	طلبکار
emprunteur (m)	vām girande	وام گیرنده

| importateur (m) | vāred konande | وارد کننده |
| exportateur (m) | sāder konande | صادر کننده |

producteur (m)	towlid konande	تولید کننده
distributeur (m)	towzi' konande	توزیع کننده
intermédiaire (m)	vāsete	واسطه

conseiller (m)	mošāver	مشاور
représentant (m)	namāyande	نماینده
agent (m)	namāyande	نماینده
agent (m) d'assurances	namāyande-ye bime	نمایندۀ بیمه

106. Les métiers des services

| cuisinier (m) | āšpaz | آشپز |
| cuisinier (m) en chef | sarāšpaz | سرآشپز |

boulanger (m)	nānvā	نانوا
barman (m)	motesaddi-ye bār	متصدی بار
serveur (m)	pišxedmat	پیشخدمت
serveuse (f)	pišxedmat	پیشخدمت

avocat (m)	vakil	وکیل
juriste (m)	hoquq dān	حقوق دان
notaire (m)	daftardār	دفتردار

électricien (m)	barq-e kār	برق کار
plombier (m)	lule keš	لوله کش
charpentier (m)	najjār	نجار

masseur (m)	māsāž dahande	ماساژ دهنده
masseuse (f)	māsāž dahande	ماساژ دهنده
médecin (m)	pezešk	پزشک

chauffeur (m) de taxi	rānande-ye tāksi	راننده تاکسی
chauffeur (m)	rānande	راننده
livreur (m)	peyk	پیک

femme (f) de chambre	mostaxdem	مستخدم
agent (m) de sécurité	negahbān	نگهبان
hôtesse (f) de l'air	mehmāndār-e havāpeymā	مهماندار هواپیما

professeur (m)	mo'allem	معلم
bibliothécaire (m)	ketābdār	کتابدار
traducteur (m)	motarjem	مترجم
interprète (m)	motarjem-e šafāhi	مترجم شفاهی
guide (m)	rāhnamā-ye tur	راهنمای تور

coiffeur (m)	ārāyešgar	آرایشگر
facteur (m)	nāme resān	نامه رسان
vendeur (m)	forušande	فروشنده

jardinier (m)	bāqbān	باغبان
serviteur (m)	nowkar	نوکر
servante (f)	xedmatkār	خدمتکار
femme (f) de ménage	zan-e nezāfatči	زن نظافتچی

107. Les professions militaires et leurs grades

soldat (m) (grade)	sarbāz	سرباز
sergent (m)	goruhbān	گروهبان
lieutenant (m)	sotvān	ستوان
capitaine (m)	kāpitān	کاپیتان

commandant (m)	sargord	سرگرد
colonel (m)	sarhang	سرهنگ
général (m)	ženerāl	ژنرال
maréchal (m)	māršāl	مارشال
amiral (m)	daryāsālār	دریاسالار
militaire (m)	nezāmi	نظامی
soldat (m)	sarbāz	سرباز

| officier (m) | afsar | افسر |
| commandant (m) | farmāndeh | فرمانده |

garde-frontière (m)	marzbān	مرزبان
opérateur (m) radio	bisim či	بیسیم چی
éclaireur (m)	ettelā'āti	اطلاعاتی
démineur (m)	mohandes estehkāmāt	مهندس استحکامات
tireur (m)	tirandāz	تیرانداز
navigateur (m)	nāvbar	ناور

108. Les fonctionnaires. Les prétres

| roi (m) | šāh | شاه |
| reine (f) | maleke | ملکه |

| prince (m) | šāhzāde | شاهزاده |
| princesse (f) | pranses | پرنسس |

| tsar (m) | tezār | تزار |
| tsarine (f) | maleke | ملکه |

président (m)	ra'is jomhur	رئیس جمهور
ministre (m)	vazir	وزیر
premier ministre (m)	noxost vazir	نخست وزیر
sénateur (m)	senātor	سناتور

diplomate (m)	diplomāt	دیپلمات
consul (m)	konsul	کنسول
ambassadeur (m)	safir	سفیر
conseiller (m)	mošāver	مشاور

fonctionnaire (m)	kārmand	کارمند
préfet (m)	baxšdār	بخشدار
maire (m)	šahrdār	شهردار

| juge (m) | qāzi | قاضی |
| procureur (m) | dādsetān | دادستان |

missionnaire (m)	misiyoner	میسیونر
moine (m)	rāheb	راهب
abbé (m)	rāheb-e bozorg	راهب بزرگ
rabbin (m)	xāxām	خاخام

vizir (m)	vazir	وزیر
shah (m)	šāh	شاه
cheik (m)	šeyx	شیخ

109. Les professions agricoles

apiculteur (m)	zanburdār	زنبوردار
berger (m)	čupān	چوپان
agronome (m)	motexasses-e kešāvarzi	متخصص کشاورزی

99

éleveur (m)	dāmparvar	دامپرور
vétérinaire (m)	dāmpezešk	دامپزشک

fermier (m)	kešāvarz	کشاورز
vinificateur (m)	šarāb sāz	شراب ساز
zoologiste (m)	jānevar-šenās	جانور شناس
cow-boy (m)	gāvčerān	گاوچران

110. Les professions artistiques

acteur (m)	bāzigar	بازیگر
actrice (f)	bāzigar	بازیگر
chanteur (m)	xānande	خواننده
cantatrice (f)	xānande	خواننده
danseur (m)	raqqās	رقاص
danseuse (f)	raqqāse	رقاصه
artiste (m)	honarpiše	هنرپیشه
artiste (f)	honarpiše	هنرپیشه
musicien (m)	muzisiyan	موزیسین
pianiste (m)	piyānist	پیانیست
guitariste (m)	gitārist	گیتاریست
chef (m) d'orchestre	rahbar-e orkestr	رهبر ارکستر
compositeur (m)	āhangsāz	آهنگساز
imprésario (m)	modir-e operā	مدیر اپرا
metteur (m) en scène	kārgardān	کارگردان
producteur (m)	tahiye konande	تهیه کننده
scénariste (m)	senārist	سناریست
critique (m)	montaqed	منتقد
écrivain (m)	nevisande	نویسنده
poète (m)	šā'er	شاعر
sculpteur (m)	mojassame sāz	مجسمه ساز
peintre (m)	naqqāš	نقاش
jongleur (m)	tardast	تردست
clown (m)	dalqak	دلقک
acrobate (m)	ākrobāt	آکروبات
magicien (m)	šo'bade bāz	شعبده باز

111. Les diffèrents mètiers

médecin (m)	pezešk	پزشک
infirmière (f)	parastār	پرستار
psychiatre (m)	ravānpezešk	روانپزشک
stomatologue (m)	dandān pezešk	دندان پزشک
chirurgien (m)	jarrāh	جراح

astronaute (m)	fazānavard	فضانورد
astronome (m)	setāre-šenās	ستاره شناس
pilote (m)	xalabān	خلبان
chauffeur (m)	rānande	راننده
conducteur (m) de train	rānande	راننده
mécanicien (m)	mekānik	مکانیک
mineur (m)	ma'danči	معدنچی
ouvrier (m)	kārgar	کارگر
serrurier (m)	qofl sāz	قفل ساز
menuisier (m)	najjār	نجار
tourneur (m)	tarrāš kār	تراش کار
ouvrier (m) du bâtiment	kārgar-e sāxtemāni	کارگر ساختمانی
soudeur (m)	juš kār	جوش کار
professeur (m) (titre)	porofosor	پروفسور
architecte (m)	me'mār	معمار
historien (m)	movarrex	مورخ
savant (m)	dānešmand	دانشمند
physicien (m)	fizikdān	فیزیکدان
chimiste (m)	šimi dān	شیمی دان
archéologue (m)	bāstān-šenās	باستان شناس
géologue (m)	zamin-šenās	زمین شناس
chercheur (m)	pažuhešgar	پژوهشگر
baby-sitter (m, f)	parastār bače	پرستار بچه
pédagogue (m, f)	āmuzgār	آموزگار
rédacteur (m)	virāstār	ویراسار
rédacteur (m) en chef	sardabir	سردبیر
correspondant (m)	xabarnegār	خبرنگار
dactylographe (f)	māšin nevis	ماشین نویس
designer (m)	tarāh	طراح
informaticien (m)	kāršenās kāmpiyuter	کارشناس کامپیوتر
programmeur (m)	barnāme-ye nevis	برنامه نویس
ingénieur (m)	mohandes	مهندس
marin (m)	malavān	ملوان
matelot (m)	malavān	ملوان
secouriste (m)	nejāt-e dahande	نجات دهنده
pompier (m)	ātaš nešān	آتش نشان
policier (m)	polis	پلیس
veilleur (m) de nuit	mohāfez	محافظ
détective (m)	kārāgāh	کارآگاه
douanier (m)	ma'mur-e gomrok	مامور گمرک
garde (m) du corps	mohāfez-e šaxsi	محافظ شخصی
gardien (m) de prison	negahbān zendān	نگهبان زندان
inspecteur (m)	bāzres	بازرس
sportif (m)	varzeškār	ورزشکار
entraîneur (m)	morabbi	مربی

boucher (m)	qassāb	قصاب
cordonnier (m)	kaffāš	کفاش
commerçant (m)	bāzargān	بازرگان
chargeur (m)	bārbar	باربر

| couturier (m) | tarrāh-e lebas | طراح لباس |
| modèle (f) | model-e zan | مدل زن |

112. Les occupations. Le statut social

| écolier (m) | dāneš-āmuz | دانش آموز |
| étudiant (m) | dānešju | دانشجو |

philosophe (m)	filsuf	فیلسوف
économiste (m)	eqtesāddān	اقتصاددان
inventeur (m)	moxtare'	مخترع

chômeur (m)	bikār	بیکار
retraité (m)	bāznešaste	بازنشسته
espion (m)	jāsus	جاسوس

prisonnier (m)	zendāni	زندانی
gréviste (m)	e'tesāb konande	اعتصاب کننده
bureaucrate (m)	ma'mur-e edāri	مأمور اداری
voyageur (m)	mosāfer	مسافر

homosexuel (m)	hamjens-e bāz	همجنس باز
hacker (m)	haker	هکر
hippie (m, f)	hipi	هیپی

bandit (m)	rāhzan	راهزن
tueur (m) à gages	ādamkoš	آدمکش
drogué (m)	mo'tād	معتاد
trafiquant (m) de drogue	forušande-ye mavādd-e moxadder	فروشندهٔ مواد مخدر

| prostituée (f) | fāheše | فاحشه |
| souteneur (m) | jākeš | جاکش |

sorcier (m)	jādugar	جادوگر
sorcière (f)	jādugar	جادوگر
pirate (m)	dozd-e daryāyi	دزد دریایی
esclave (m)	borde	برده
samouraï (m)	sāmurāyi	سامورایی
sauvage (m)	vahši	وحشی

Le sport

113. Les types de sports. Les sportifs

sportif (m)	varzeškâr	ورزشکار
type (m) de sport	anvâ-e varzeš	انواع ورزش
basket-ball (m)	basketbâl	بسکتبال
basketteur (m)	basketbâlist	بسکتبالیست
base-ball (m)	beysbâl	بیسبال
joueur (m) de base-ball	beysbâlist	بیسبالیست
football (m)	futbâl	فوتبال
joueur (m) de football	futbâlist	فوتبالیست
gardien (m) de but	darvâze bân	دروازه بان
hockey (m)	hâki	هاکی
hockeyeur (m)	hâki-ye bâz	هاکی باز
volley-ball (m)	vâlibâl	والیبال
joueur (m) de volley-ball	vâlibâlist	والیبالیست
boxe (f)	boks	بوکس
boxeur (m)	boksor	بوکسور
lutte (f)	kešti	کشتی
lutteur (m)	košti gir	کشتی گیر
karaté (m)	kârâte	کاراته
karatéka (m)	kârâte-e bâz	کاراته باز
judo (m)	jodo	جودو
judoka (m)	jodo bâz	جودو باز
tennis (m)	tenis	تنیس
joueur (m) de tennis	tenis bâz	تنیس باز
natation (f)	šenâ	شنا
nageur (m)	šenâgar	شناگر
escrime (f)	šamširbâzi	شمشیربازی
escrimeur (m)	šamširbâz	شمشیرباز
échecs (m pl)	šatranj	شطرنج
joueur (m) d'échecs	šatranj bâz	شطرنج باز
alpinisme (m)	kuhnavardi	کوهنوردی
alpiniste (m)	kuhnavard	کوهنورد
course (f)	do	دو

coureur (m)	davande	دونده
athlétisme (m)	varzeš	ورزش
athlète (m)	varzeškār	ورزشکار

| équitation (f) | asb savāri | اسب سواری |
| cavalier (m) | savārkār | سوارکار |

patinage (m) artistique	raqs ruy yax	رقص روی یخ
patineur (m)	eskeyt bāz	اسکیت باز
patineuse (f)	eskeyt bāz	اسکیت باز

| haltérophilie (f) | vazne bardār-i | وزنه برداری |
| haltérophile (m) | vazne bardār | وزنه بردار |

| course (f) automobile | mosābeqe-ye otomobilrāni | مسابقة اتومبیلرانی |
| pilote (m) | otomobilrān | اتومبیلران |

| cyclisme (m) | dočarxe savāri | دوچرخه سواری |
| cycliste (m) | dočarxe savār | دوچرخه سوار |

sauts (m pl) en longueur	pareš-e tul	پرش طول
sauts (m pl) à la perche	pareš bā neyze	پرش با نیزه
sauteur (m)	pareš konande	پرش کننده

114. Les types de sports. Divers

football (m) américain	futbāl-e āmrikāyi	فوتبال آمریکایی
badminton (m)	badminton	بدمینتون
biathlon (m)	biatlon	بیاتلون
billard (m)	bilyārd	بیلیارد

bobsleigh (m)	surtme	سورتمه
bodybuilding (m)	badansāzi	بدنسازی
water-polo (m)	vāterpolo	واترپولو
handball (m)	handbāl	هندبال
golf (m)	golf	گلف

aviron (m)	qāyeq rāni	قایق رانی
plongée (f)	dāyving	دایوینگ
course (f) à skis	eski-ye sahrānavardi	اسکی صحرانوردی
tennis (m) de table	ping pong	پینگ پونگ

voile (f)	qāyeq-rāni bādbani	قایق رانی بادبانی
rallye (m)	rāli	رالی
rugby (m)	rāgbi	راگبی
snowboard (m)	snowbord	اسنوبورد
tir (m) à l'arc	tirandāzi bā kamān	تیراندازی با کمان

115. La salle de sport

| barre (f) à disques | hālter | هالتر |
| haltères (m pl) | dambel | دمبل |

appareil (m) d'entraînement	māšin-e tamrin	ماشین تمرین
vélo (m) d'exercice	dočarxe-ye tamrin	دوچرخه تمرین
tapis (m) roulant	pist-e do	پیست دو

barre (f) fixe	bārfiks	بارفیکس
barres (pl) parallèles	pārālel	پارالل
cheval (m) d'Arçons	xarak	خرک
tapis (m) gymnastique	tošak	تشک

corde (f) à sauter	tanāb	طناب
aérobic (m)	āirobik	ایروبیک
yoga (m)	yugā	یوگا

116. Le sport. Divers

Jeux (m pl) olympiques	bāzihā-ye olampik	بازی‌های المپیک
gagnant (m)	barande	برنده
remporter (vt)	piruz šodan	پیروز شدن
gagner (vi)	piruz šodan	پیروز شدن

| leader (m) | rahbar | رهبر |
| prendre la tête | lider budan | لیدر بودن |

première place (f)	rotbe-ye avval	رتبه اول
deuxième place (f)	rotbe-ye dovvom	رتبه دوم
troisième place (f)	rotbe-ye sevvom	رتبه سوم

médaille (f)	medāl	مدال
trophée (m)	kāp	کاپ
coupe (f) (trophée)	jām	جام
prix (m)	jāyeze	جایزه
prix (m) principal	jāyeze-ye asli	جایزهٔ اصلی

| record (m) | rekord | رکورد |
| établir un record | rekord gozāštan | رکورد گذاشتن |

| finale (f) | fināl | فینال |
| final (adj) | pāyāni | پایانی |

| champion (m) | qahremān | قهرمان |
| championnat (m) | mosābeqe-ye qahremāni | مسابقه قهرمانی |

stade (m)	varzešgāh	ورزشگاه
tribune (f)	teribun	تریبون
supporteur (m)	tarafdār	طرفدار
adversaire (m)	raqib	رقیب

| départ (m) | šoru' | شروع |
| ligne (f) d'arrivée | entehā | انتها |

défaite (f)	šekasl	شکست
perdre (vi)	bāxtan	باختن
arbitre (m)	dāvar	داور
jury (m)	hey'at-e dāvarān	هیئت داوران

score (m)	emtiyāz	امتیاز
match (m) nul	mosāvi	مساوی
faire match nul	bāzi rā mosāvi kardan	بازی رامساوی کردن
point (m)	emtiyāz	امتیاز
résultat (m)	natije	نتیجه

période (f)	dowre	دوره
mi-temps (f) (pause)	hāf tāym	هاف تایم

dopage (m)	doping	دوپینگ
pénaliser (vt)	jarime kardan	جریمه کردن
disqualifier (vt)	rad-e salāhiyat kardan	رد صلاحیت کردن

agrès (m)	asbāb	اسباب
lance (f)	neyze	نیزه
poids (m) (boule de métal)	vazne	وزنه
bille (f) (de billard, etc.)	tup	توپ

but (cible)	hadaf	هدف
cible (~ en papier)	nešangah	نشانگاه
tirer (vi)	tirandāzi kardan	تیراندازی کردن
précis (un tir ~)	dorost	درست

entraîneur (m)	morabbi	مربی
entraîner (vt)	tamrin dādan	تمرین دادن
s'entraîner (vp)	tamrin kardan	تمرین کردن
entraînement (m)	tamrin	تمرین

salle (f) de gym	sālon-e varzeš	سالن ورزش
exercice (m)	tamrin	تمرین
échauffement (m)	garm kardan	گرم کردن

L'éducation

117. L'éducation

école (f)	madrese	مدرسه
directeur (m) d'école	modir-e madrese	مدیر مدرسه
élève (m)	dāneš-āmuz	دانش آموز
élève (f)	dāneš-āmuz	دانش آموز
écolier (m)	dāneš-āmuz	دانش آموز
écolière (f)	dāneš-āmuz	دانش آموز
enseigner (vt)	āmuxtan	آموختن
apprendre (~ l'arabe)	yād gereftan	یاد گرفتن
apprendre par cœur	az hefz kardan	از حفظ کردن
apprendre (à faire qch)	yād gereftan	یاد گرفتن
être étudiant, -e	tahsil kardan	تحصیل کردن
aller à l'école	madrese raftan	مدرسه رفتن
alphabet (m)	alefbā	الفبا
matière (f)	mabhas	مبحث
salle (f) de classe	kelās	کلاس
leçon (f)	dars	درس
récréation (f)	zang-e tafrih	زنگ تفریح
sonnerie (f)	zang	زنگ
pupitre (m)	miz-e tahrir	میز تحریر
tableau (m) noir	taxte-ye siyāh	تخته سیاه
note (f)	nomre	نمره
bonne note (f)	nomre-ye xub	نمرۀ خوب
mauvaise note (f)	nomre-ye bad	نمرۀ بد
donner une note	nomre gozāštan	نمره گذاشتن
faute (f)	eštebāh	اشتباه
faire des fautes	eštebāh kardan	اشتباه کردن
corriger (une erreur)	eslāh kardan	اصلاح کردن
antisèche (f)	taqallob	تقلب
devoir (m)	taklif manzel	تکلیف منزل
exercice (m)	tamrin	تمرین
être présent	hozur dāštan	حضور داشتن
être absent	qāyeb budan	غایب بودن
manquer l'école	az madrese qāyeb budan	ازمدرسه غایب بودن
punir (vt)	tanbih kardan	تنبیه کردن
punition (f)	tanbih	تنبیه
conduite (f)	raftār	رفتار

carnet (m) de notes	gozāreš-e ruzāne	گزارش روزانه
crayon (m)	medād	مداد
gomme (f)	pāk kon	پاک کن
craie (f)	gač	گچ
plumier (m)	qalamdān	قلمدان

cartable (m)	kif madrese	کیف مدرسه
stylo (m)	xodkār	خودکار
cahier (m)	daftar	دفتر
manuel (m)	ketāb-e darsi	کتاب درسی
compas (m)	pargār	پرگار

| dessiner (~ un plan) | rasm kardan | رسم کردن |
| dessin (m) technique | rasm-e fani | رسم فنی |

poésie (f)	še'r	شعر
par cœur (adv)	az hefz	از حفظ
apprendre par cœur	az hefz kardan	از حفظ کردن

vacances (f pl)	ta'tilāt	تعطیلات
être en vacances	dar ta'tilāt budan	در تعطیلات بودن
passer les vacances	ta'tilāt rā gozarāndan	تعطیلات را گذراندن

interrogation (f) écrite	emtehān	امتحان
composition (f)	enšā'	انشاء
dictée (f)	dikte	دیکته
examen (m)	emtehān	امتحان
passer les examens	emtehān dādan	امتحان دادن
expérience (f) (~ de chimie)	āzmāyeš	آزمایش

118. L'enseignement supérieur

académie (f)	farhangestān	فرهنگستان
université (f)	dānešgāh	دانشگاه
faculté (f)	dāneškade	دانشکده

étudiant (m)	dānešju	دانشجو
étudiante (f)	dānešju	دانشجو
enseignant (m)	ostād	استاد

| salle (f) | kelās | کلاس |
| licencié (m) | fāreqottahsil | فارغ التحصیل |

| diplôme (m) | diplom | دیپلم |
| thèse (f) | pāyān nāme | پایان نامه |

| étude (f) | tahqiqe elmi | تحقیق علمی |
| laboratoire (m) | āzmāyešgāh | آزمایشگاه |

| cours (m) | soxanrāni | سخنرانی |
| camarade (m) de cours | ha mdowre i | هم دوره ای |

| bourse (f) | burse tahsili | بورس تحصیلی |
| grade (m) universitaire | daraje-ye elmi | درجهٔ علمی |

119. Les disciplines scientifiques

mathématiques (f pl)	riyāziyāt	ریاضیات
algèbre (f)	jabr	جبر
géométrie (f)	hendese	هندسه
astronomie (f)	setāre-šenāsi	ستاره شناسی
biologie (f)	zist-šenāsi	زیست شناسی
géographie (f)	joqrāfiyā	جغرافیا
géologie (f)	zamin-šenāsi	زمین شناسی
histoire (f)	tārix	تاریخ
médecine (f)	pezeški	پزشکی
pédagogie (f)	olume tarbiyati	علوم تربیتی
droit (m)	hoquq	حقوق
physique (f)	fizik	فیزیک
chimie (f)	šimi	شیمی
philosophie (f)	falsafe	فلسفه
psychologie (f)	ravānšenāsi	روانشناسی

120. Le système d'écriture et l'orthographe

grammaire (f)	gerāmer	گرامر
vocabulaire (m)	vājegān	واژگان
phonétique (f)	sadā-šenāsi	صداشناسی
nom (m)	esm	اسم
adjectif (m)	sefat	صفت
verbe (m)	fe'l	فعل
adverbe (m)	qeyd	قید
pronom (m)	zamir	ضمیر
interjection (f)	harf-e nedā	حرف ندا
préposition (f)	harf-e ezāfe	حرف اضافه
racine (f)	riše-ye kalame	ریشه کلمه
terminaison (f)	pasvand	پسوند
préfixe (m)	pišvand	پیشوند
syllabe (f)	hejā	هجا
suffixe (m)	pasvand	پسوند
accent (m) tonique	fešar-e hejā	فشار هجا
apostrophe (f)	āpostrof	آپوستروف
point (m)	noqte	نقطه
virgule (f)	virgul	ویرگول
point (m) virgule	noqte virgul	نقطه ویرگول
deux-points (m)	donoqte	دونقطه
points (m pl) de suspension	čand noqte	چند نقطه
point (m) d'interrogation	alāmat-e soāl	علامت سؤال
point (m) d'exclamation	alāmat-e taajjob	علامت تعجب

guillemets (m pl)	giyume	گیومه
entre guillemets	dar giyume	در گیومه
parenthèses (f pl)	parāntez	پرانتز
entre parenthèses	dar parāntez	در پرانتز

trait (m) d'union	xatt-e vāsel	خط واصل
tiret (m)	xatt-e tire	خط تیره
blanc (m)	fāsele	فاصله

| lettre (f) | harf | حرف |
| majuscule (f) | harf-e bozorg | حرف بزرگ |

| voyelle (f) | sedādār | صدادار |
| consonne (f) | sāmet | صامت |

proposition (f)	jomle	جمله
sujet (m)	nahād	نهاد
prédicat (m)	gozāre	گزاره

ligne (f)	satr	سطر
à la ligne	sar-e satr	سر سطر
paragraphe (m)	band	بند

mot (m)	kalame	کلمه
groupe (m) de mots	ebārat	عبارت
expression (f)	bayān	بیان
synonyme (m)	moterādef	مترادف
antonyme (m)	motezād	متضاد

règle (f)	qā'ede	قاعده
exception (f)	estesnā	استثنا
correct (adj)	sahih	صحیح

conjugaison (f)	sarf	صرف
déclinaison (f)	sarf-e kalemāt	صرف کلمات
cas (m)	hālat	حالت
question (f)	soāl	سؤال
souligner (vt)	xatt kešidan	خط کشیدن
pointillé (m)	noqte čin	نقطه چین

121. Les langues étrangères

langue (f)	zabān	زبان
étranger (adj)	xāreji	خارجی
langue (f) étrangère	zabān-e xāreji	زبان خارجی
étudier (vt)	dars xāndan	درس خواندن
apprendre (~ l'arabe)	yād gereftan	یاد گرفتن

lire (vi, vt)	xāndan	خواندن
parler (vi, vt)	harf zadan	حرف زدن
comprendre (vt)	fahmidan	فهمیدن
écrire (vt)	neveštan	نوشتن
vite (adv)	sari'	سریع
lentement (adv)	āheste	آهسته

couramment (adv)	ravān	روان
règles (f pl)	qavā'ed	قواعد
grammaire (f)	gerāmer	گرامر
vocabulaire (m)	vājegān	واژگان
phonétique (f)	āvā-šenāsi	آواشناسی
manuel (m)	ketāb-e darsi	کتاب درسی
dictionnaire (m)	farhang-e loqat	فرهنگ لغت
manuel (m) autodidacte	xod-āmuz	خودآموز
guide (m) de conversation	ketāb-e mokāleme	کتاب مکالمه
cassette (f)	kāst	کاست
cassette (f) vidéo	kāst-e video	کاست ویدئو
CD (m)	si-di	سیدی
DVD (m)	dey vey dey	دی وی دی
alphabet (m)	alefbā	الفبا
épeler (vt)	heji kardan	هجی کردن
prononciation (f)	talaffoz	تلفظ
accent (m)	lahje	لهجه
avec un accent	bā lahje	با لهجه
sans accent	bi lahje	بی لهجه
mot (m)	kalame	کلمه
sens (m)	ma'ni	معنی
cours (m pl)	dowre	دوره
s'inscrire (vp)	nām-nevisi kardan	نام نویسی کردن
professeur (m) (~ d'anglais)	ostād	استاد
traduction (f) (action)	tarjome	ترجمه
traduction (f) (texte)	tarjome	ترجمه
traducteur (m)	motarjem	مترجم
interprète (m)	motarjem-e šafāhi	مترجم شفاهی
polyglotte (m)	čand zabāni	چند زبانی
mémoire (f)	hāfeze	حافظه

122. Les personnages de contes de fées

Père Noël (m)	bābā noel	بابا نوئل
Cendrillon (f)	sinderelā	سیندرلا
sirène (f)	pari-ye daryāyi	پری دریایی
Neptune (m)	nepton	نپتون
magicien (m)	sāher	ساحر
fée (f)	sāher	ساحر
magique (adj)	jāduyi	جادویی
baguette (f) magique	asā-ye sehrāmiz	عصای سحرآمیز
conte (m) de fées	afsāne	افسانه
miracle (m)	mo'jeze	معجزه
gnome (m)	kutule	کوتوله

se transformer en ...	tabdil šodan	تبدیل شدن
esprit (m) (revenant)	šabah	شبح
fantôme (m)	šabah	شبح
monstre (m)	qul	غول
dragon (m)	eždehā	اژدها
géant (m)	qul	غول

123. Les signes du zodiaque

Bélier (m)	borj-e haml	برج حمل
Taureau (m)	borj-e sowr	برج ثور
Gémeaux (m pl)	borj-e jowzā	برج جوزا
Cancer (m)	saratān	سرطان
Lion (m)	šir	شیر
Vierge (f)	borj-e sonbole	برج سنبله

Balance (f)	borj-e mizān	برج میزان
Scorpion (m)	borj-e aqrab	برج عقرب
Sagittaire (m)	borj-e qows	برج قوس
Capricorne (m)	borj-e jeddi	برج جدی
Verseau (m)	borj-e dalow	برج دلو
Poissons (m pl)	borj-e hut	برج حوت

caractère (m)	šaxsiyat	شخصیت
traits (m pl) du caractère	xosusiyāt-e axlāqi	خصوصیات اخلاقی
conduite (f)	raftār	رفتار
dire la bonne aventure	fāl gereftan	فال گرفتن
diseuse (f) de bonne aventure	fālgir	فالگیر
horoscope (m)	tāle' bini	طالع بینی

L'art

124. Le théâtre

théâtre (m)	teātr	تئاتر
opéra (m)	operā	اپرا
opérette (f)	operā-ye kučak	اپرای کوچک
ballet (m)	bāle	باله
affiche (f)	e'lān-e namāyeš	اعلان نمایش
troupe (f) de théâtre	hey'at honarpišegān	هیئت هنرپیشگان
tournée (f)	safar	سفر
être en tournée	dar tur budan	در تور بودن
répéter (vt)	tamrin kardan	تمرین کردن
répétition (f)	tamrin	تمرین
répertoire (m)	roperator	رپراتور
représentation (f)	namāyeš	نمایش
spectacle (m)	namāyeš	نمایش
pièce (f) de théâtre	namāyeš nāme	نمایش نامه
billet (m)	belit	بلیط
billetterie (f pl)	belit-foruši	بلیت فروشی
hall (m)	lābi	لابی
vestiaire (m)	komod-e lebās	کمد لباس
jeton (m) de vestiaire	žeton	ژتون
jumelles (f pl)	durbin	دوربین
placeur (m)	rāhnamā	راهنما
parterre (m)	sandali-ye orkestr	صندلی ارکستر
balcon (m)	bālkon	بالکن
premier (m) balcon	bālkon-e avval	بالکن اول
loge (f)	jāygāh-e vižhe	جایگاه ویژه
rang (m)	radif	ردیف
place (f)	jā	جا
public (m)	hozzār	حضار
spectateur (m)	tamāšāči	تماشاچی
applaudir (vi)	kaf zadan	کف زدن
applaudissements (m pl)	tašviq	تشویق
ovation (f)	šādi-va sorur	شادی و سرور
scène (f) (monter sur ~)	sahne	صحنه
rideau (m)	parde	پرده
décor (m)	sahne	صحنه
coulisses (f pl)	pošt-e sahne	پشت صحنه
scène (f) (la dernière ~)	sahne	صحنه
acte (m)	parde	پرده
entracte (m)	ānterākt	آنتراکت

125. Le cinéma

| acteur (m) | bāzigar | بازیگر |
| actrice (f) | bāzigar | بازیگر |

cinéma (m) (industrie)	sinamā	سینما
film (m)	film	فیلم
épisode (m)	qesmat	قسمت

film (m) policier	film-e polisi	فیلم پلیسی
film (m) d'action	film-e akšen	فیلم اکشن
film (m) d'aventures	film-e mājarāyi	فیلم ماجرایی
film (m) de science-fiction	film-e elmi-ye taxayyoli	فیلم علمی تخیلی
film (m) d'horreur	film-e tarsnāk	فیلم ترسناک

comédie (f)	komedi	کمدی
mélodrame (m)	meloderām	ملودرام
drame (m)	derām	درام

film (m) de fiction	film-e honari	فیلم هنری
documentaire (m)	film-e mostanad	فیلم مستند
dessin (m) animé	kārton	کارتون
cinéma (m) muet	film-e sāmet	فیلم صامت

rôle (m)	naqš	نقش
rôle (m) principal	naqš-e asli	نقش اصلی
jouer (vt)	bāzi kardan	بازی کردن

vedette (f)	setāre-ye sinamā	ستارۀ سینما
connu (adj)	mašhur	مشهور
célèbre (adj)	mašhur	مشهور
populaire (adj)	saršenās	سرشناس

scénario (m)	senāriyo	سناریو
scénariste (m)	senārist	سناریست
metteur (m) en scène	kārgardān	کارگردان
producteur (m)	tahiye konande	تهیه کننده
assistant (m)	dastyār	دستیار
opérateur (m)	filmbardār	فیلمبردار
cascadeur (m)	badalkār	بدلکار
doublure (f)	dublur	دوبلور

tourner un film	film gereftan	فیلم گرفتن
audition (f)	test	تست
tournage (m)	film bardār-i	فیلم برداری
équipe (f) de tournage	goruh film bar dār-i	گروه فیلم برداری
plateau (m) de tournage	mahal film bar dār-i	محل فیلم برداری
caméra (f)	durbin	دوربین

cinéma (m)	sinamā	سینما
écran (m)	parde	پرده
donner un film	film-e nešān dādan	فیلم نشان دادن

| piste (f) sonore | musiqi-ye matn | موسیقی متن |
| effets (m pl) spéciaux | jelvehā-ye vižhe | جلوه های ویژه |

sous-titres (m pl)	zirnevis	زیرنویس
générique (m)	titrāj	تیتراژ
traduction (f)	tarjome	ترجمه

126. La peinture

art (m)	honar	هنر
beaux-arts (m pl)	honarhā-ye zibā	هنرهای زیبا
galerie (f) d'art	gāleri-ye honari	گالری هنری
exposition (f) d'art	namāyešgāh-e honari	نمایشگاه هنری

peinture (f)	naqqāši	نقاشی
graphique (f)	honar-e gerāfik	هنر گرافیک
art (m) abstrait	honar-e ābestre	هنر آبستره
impressionnisme (m)	ampersiyonism	امپرسیونیسم

tableau (m)	tasvir	تصویر
dessin (m)	naqqāši	نقاشی
poster (m)	poster	پوستر

illustration (f)	tasvir	تصویر
miniature (f)	minyātor	مینیاتور
copie (f)	nosxe	نسخه
reproduction (f)	taksir	تکثیر

mosaïque (f)	muzāik	موزائیک
vitrail (m)	naqqāši ruy šiše	نقاشی روی شیشه
fresque (f)	naqqāši ruy gač	نقاشی روی گچ
gravure (f)	geravur	گراور

buste (m)	mojassame-ye nimtane	مجسمهٔ نیم تنه
sculpture (f)	mojassame sāz-i	مجسمه سازی
statue (f)	mojassame	مجسمه
plâtre (m)	gač	گچ
en plâtre	gači	گچی

portrait (m)	temsāl	تمثال
autoportrait (m)	tasvir-e naqqāš	تصویر نقاش
paysage (m)	manzare	منظره
nature (f) morte	tabi'at-e bijān	طبیعت بیجان
caricature (f)	kārikātor	کاریکاتور
croquis (m)	tarh-e moqaddamāti	طرح مقدماتی

peinture (f)	rang	رنگ
aquarelle (f)	āb-o rang	آب ورنگ
huile (f)	rowqan	روغن
crayon (m)	medād	مداد
encre (f) de Chine	morakkab	مرکب
fusain (m)	zoqāl	زغال

dessiner (vi, vt)	naqqāši kardan	نقاشی کردن
peindre (vi, vt)	naqqāši kardan	نقاشی کردن
poser (vi)	žest gereftan	ژست گرفتن
modèle (m)	model-e naqqāši	مدل نقاشی

115

modèle (f)	model-e naqqāši	مدل نقاشی
peintre (m)	naqqāš	نقاش
œuvre (f) d'art	asar-e honari	اثر هنری
chef (m) d'œuvre	šāhkār	شاهکار
atelier (m) d'artiste	kārgāh	کارگاه

toile (f)	bum-e naqāši	بوم نقاشی
chevalet (m)	sepāye-ye naqqāši	سه پایۀ نقاشی
palette (f)	taxte-ye rang	تختۀ رنگ

encadrement (m)	qāb	قاب
restauration (f)	maremmat	مرمت
restaurer (vt)	marammat kardan	مرمت کردن

127. La littérature et la poésie

littérature (f)	adabiyāt	ادبیات
auteur (m) (écrivain)	moallef	مؤلف
pseudonyme (m)	taxallos	تخلص

livre (m)	ketāb	کتاب
volume (m)	jeld	جلد
table (f) des matières	fehrest	فهرست
page (f)	safhe	صفحه
protagoniste (m)	qahremān-e asli	قهرمان اصلی
autographe (m)	dast-e xat	دست خط

récit (m)	hekāyat	حکایت
nouvelle (f)	dāstān	داستان
roman (m)	ramān	رمان
œuvre (f) littéraire	ta'lif	تألیف
fable (f)	afsāne	افسانه
roman (m) policier	dastane jenai	داستان جنایی

vers (m)	še'r	شعر
poésie (f)	še'r	شعر
poème (m)	še'r	شعر
poète (m)	šā'er	شاعر

belles-lettres (f pl)	dāstān	داستان
science-fiction (f)	elmi-ye taxayyoli	علمی تخیلی
aventures (f pl)	sargozašt	سرگذشت
littérature (f) didactique	adabiyāt-e āmuzeši	ادبیات آموزشی
littérature (f) pour enfants	adabiyāt-e kudak	ادبیات کودک

128. Le cirque

cirque (m)	sirak	سیرک
chapiteau (m)	sirak-e sayār	سیرک سیار
programme (m)	barnāme	برنامه
représentation (f)	namāyeš	نمایش
numéro (m)	parde	پرده

arène (f)	sahne-ye sirak	صحنه سیرک
pantomime (f)	pāntomim	پانتومیم
clown (m)	dalqak	دلقک

acrobate (m)	ākrobāt	آکروبات
acrobatie (f)	band-e bāzi	بند بازی
gymnaste (m)	žimināstik kār	ژیمناستیک کار
gymnastique (f)	žimināstik	ژیمناستیک
salto (m)	salto	سالتو

hercule (m)	qavi heykal	قوی هیکل
dompteur (m)	rām konande	رام کننده
écuyer (m)	savārkār	سوارکار
assistant (m)	dastyār	دستیار

truc (m)	širin kāri	شیرین کاری
tour (m) de passe-passe	šo'bade bāzi	شعبده بازی
magicien (m)	šo'bade bāz	شعبده باز

jongleur (m)	tardast	تردست
jongler (vi)	tardasti kardan	تردستی کردن
dresseur (m)	morabbi-ye heyvānāt	مربی حیوانات
dressage (m)	ta'lim heyvānāt	تعلیم حیوانات
dresser (vt)	tarbiyat kardan	تربیت کردن

129. La musique

musique (f)	musiqi	موسیقی
musicien (m)	muzisiyan	موزیسین
instrument (m) de musique	abzār-e musiqi	ابزار موسیقی
jouer de …	navāxtan	نواختن

guitare (f)	gitār	گیتار
violon (m)	viyolon	ویولون
violoncelle (m)	viyolonsel	ویولون سل
contrebasse (f)	konterbās	کونترباس
harpe (f)	čang	چنگ

piano (m)	piyāno	پیانو
piano (m) à queue	piyāno-e bozorg	پیانوی بزرگ
orgue (m)	arg	ارگ

instruments (m pl) à vent	sāzhā-ye bādi	سازهای بادی
hautbois (m)	abva	ابوا
saxophone (m)	saksofon	ساکسوفون
clarinette (f)	qare ney	قره نی
flûte (f)	folut	فلوت
trompette (f)	šeypur	شیپور

accordéon (m)	ākordeon	آکوردئون
tambour (m)	tabl	طبل

duo (m)	daste-ye do nafare	دسته دو نفره
trio (m)	daste-ye se nafar-i	دستۀ سه نفری

quartette (m)	daste-ye čāhārnafari	دستهٔ چهارنفری
chœur (m)	kar	کر
orchestre (m)	orkesr	ارکستر

musique (f) pop	musiqi-ye pāp	موسیقی پاپ
musique (f) rock	musiqi-ye rāk	موسیقی راک
groupe (m) de rock	goruh-e rāk	گروه راک
jazz (m)	jāz	جاز

| idole (f) | mahbub | محبوب |
| admirateur (m) | havādār | هوادار |

concert (m)	konsert	کنسرت
symphonie (f)	samfoni	سمفونی
œuvre (f) musicale	tasnif	تصنیف
composer (vt)	tasnif kardan	تصنیف کردن

chant (m) (~ d'oiseau)	āvāz	آواز
chanson (f)	tarāne	ترانه
mélodie (f)	āhang	آهنگ
rythme (m)	ritm	ریتم
blues (m)	musiqi-ye boluz	موسیقی بلوز

notes (f pl)	daftar-e not	دفتر نت
baguette (f)	čub-e rahbari	چوب رهبری
archet (m)	ārše	آرشه
corde (f)	sim	سیم
étui (m)	qalāf	غلاف

Les loisirs. Les voyages

130. Les voyages. Les excursions

tourisme (m)	gardešgari	گردشگری
touriste (m)	turist	توریست
voyage (m) (à l'étranger)	mosāferat	مسافرت
aventure (f)	mājarā	ماجرا
voyage (m)	safar	سفر
vacances (f pl)	moraxxasi	مرخصی
être en vacances	dar moraxassi budan	در مرخصی بودن
repos (m) (jours de ~)	esterāhat	استراحت
train (m)	qatār	قطار
en train	bā qatār	با قطار
avion (m)	havāpeymā	هواپیما
en avion	bā havāpeymā	با هواپیما
en voiture	bā otomobil	با اتومبیل
en bateau	dar kešti	با کشتی
bagage (m)	bār	بار
malle (f)	čamedān	چمدان
chariot (m)	čarx-e hamle bar	چرخ حمل بار
passeport (m)	gozarnāme	گذرنامه
visa (m)	ravādid	روادید
ticket (m)	belit	بلیط
billet (m) d'avion	belit-e havāpeymā	بلیط هواپیما
guide (m) (livre)	ketāb-e rāhnamā	کتاب راهنما
carte (f)	naqše	نقشه
région (f) (~ rurale)	mahal	محل
endroit (m)	jā	جا
exotisme (m)	qarāyeb	غرایب
exotique (adj)	qarib	غریب
étonnant (adj)	heyrat angiz	حیرت انگیز
groupe (m)	goruh	گروه
excursion (f)	gardeš	گردش
guide (m) (personne)	rāhnamā-ye tur	راهنمای تور

131. L'hôtel

hôtel (m)	hotel	هتل
motel (m)	motel	متل
3 étoiles	se setāre	سه ستاره

5 étoiles	panj setāre	پنج ستاره
descendre (à l'hôtel)	māndan	ماندن
chambre (f)	otāq	اتاق
chambre (f) simple	otāq-e yeknafare	اتاق یک نفره
chambre (f) double	otāq-e do nafare	اتاق دو نفره
réserver une chambre	otāq rezerv kardan	اتاق رزرو کردن
demi-pension (f)	nim pānsiyon	نیم پانسیون
pension (f) complète	pānsiyon	پانسیون
avec une salle de bain	bā vān	با وان
avec une douche	bā duš	با دوش
télévision (f) par satellite	televiziyon-e māhvārei	تلویزیون ماهواره ای
climatiseur (m)	tahviye-ye matbu'	تهویه مطبوع
serviette (f)	howle	حوله
clé (f)	kelid	کلید
administrateur (m)	edāre-ye konande	اداره کننده
femme (f) de chambre	mostaxdem	مستخدم
porteur (m)	bārbar	باربر
portier (m)	darbān	دربان
restaurant (m)	resturān	رستوران
bar (m)	bār	بار
petit déjeuner (m)	sobhāne	صبحانه
dîner (m)	šām	شام
buffet (m)	bufe	بوفه
hall (m)	lābi	لابی
ascenseur (m)	āsānsor	آسانسور
PRIÈRE DE NE PAS DÉRANGER	mozāhem našavid	مزاحم نشوید
DÉFENSE DE FUMER	sigār kešidan mamnu'	سیگار کشیدن ممنوع

132. Le livre. La lecture

livre (m)	ketāb	کتاب
auteur (m)	moallef	مؤلف
écrivain (m)	nevisande	نویسنده
écrire (~ un livre)	neveštan	نوشتن
lecteur (m)	xānande	خواننده
lire (vi, vt)	xāndan	خواندن
lecture (f)	motāle'e	مطالعه
à part soi	be ārāmi	به آرامی
à haute voix	boland	بلند
éditer (vt)	montašer kardan	منتشر کردن
édition (f) (~ des livres)	entešār	انتشار
éditeur (m)	nāšer	ناشر
maison (f) d'édition	entešārāt	انتشارات

paraître (livre)	montašer šodan	منتشر شدن
sortie (f) (~ d'un livre)	našr	نشر
tirage (m)	tirāž	تیراژ
librairie (f)	ketāb-foruši	کتاب فروشی
bibliothèque (f)	ketābxāne	کتابخانه
nouvelle (f)	dāstān	داستان
récit (m)	hekāyat	حکایت
roman (m)	ramān	رمان
roman (m) policier	dastane jenai	داستان جنایی
mémoires (m pl)	xāterāt	خاطرات
légende (f)	afsāne	افسانه
mythe (m)	osture	اسطوره
vers (m pl)	še'r	شعر
autobiographie (f)	zendegināme	زندگینامه
les œuvres choisies	āsār-e montaxab	آثار منتخب
science-fiction (f)	elmi-ye taxayyoli	علمی تخیلی
titre (m)	onvān	عنوان
introduction (f)	moqaddame	مقدمه
page (f) de titre	safhe-ye onvān	صفحه عنوان
chapitre (m)	fasl	فصل
extrait (m)	gozide	گزیده
épisode (m)	qesmat	قسمت
sujet (m)	suže	سوژه
sommaire (m)	mazmun	مضمون
table (f) des matières	fehrest	فهرست
protagoniste (m)	qahremān-e asli	قهرمان اصلی
volume (m)	jeld	جلد
couverture (f)	jeld	جلد
reliure (f)	sahhāfi	صحافی
marque-page (m)	čub-e alef	چوب الف
page (f)	safhe	صفحه
feuilleter (vt)	varaq zadan	ورق زدن
marges (f pl)	hāšiye	حاشیه
annotation (f)	hāšiye nevisi	حاشیه نویسی
note (f) de bas de page	pāvaraqi	پاورقی
texte (m)	matn	متن
police (f)	font	فونت
faute (f) d'impression	qalat čāpi	غلط چاپی
traduction (f)	tarjome	ترجمه
traduire (vt)	tarjome kardan	ترجمه کردن
original (m)	nosxe-ye asli	نسخهٔ اصلی
célèbre (adj)	mašhur	مشهور
inconnu (adj)	nāšenāxte	ناشناخته
intéressant (adj)	jāleb	جالب

best-seller (m)	por foruš	پر فروش
dictionnaire (m)	farhang-e loqat	فرهنگ لغت
manuel (m)	ketāb-e darsi	کتاب درسی
encyclopédie (f)	dāyeratolma'āref	دایره المعارف

133. La chasse. La péche

chasse (f)	šekār	شکار
chasser (vi, vt)	šekār kardan	شکار کردن
chasseur (m)	šekārči	شکارچی

tirer (vi)	tirandāzi kardan	تیراندازی کردن
fusil (m)	tofang	تفنگ
cartouche (f)	fešang	فشنگ
grains (m pl) de plomb	sāčme	ساچمه

piège (m) à mâchoires	tale	تله
piège (m)	dām	دام
être pris dans un piège	dar tale oftādan	در تله افتادن
mettre un piège	tale gozāštan	تله گذاشتن

braconnier (m)	šekārči-ye qeyr-e qānuni	شکارچی غیر قانونی
gibier (m)	šekār	شکار
chien (m) de chasse	sag-e šekāri	سگ شکاری
safari (m)	safar-e ektešāfi āfriqā	سفر اکتشافی آفریقا
animal (m) empaillé	heyvān-e model	حیوان مدل

pêcheur (m)	māhigir	ماهیگیر
pêche (f)	māhigiri	ماهیگیری
pêcher (vi)	māhi gereftan	ماهی گرفتن

canne (f) à pêche	čub māhi gir-i	چوب ماهی گیری
ligne (f) de pêche	nax-e māhigiri	نخ ماهیگیری
hameçon (m)	qollāb	قلاب
flotteur (m)	šenāvar	شناور
amorce (f)	to'me	طعمه

| lancer la ligne | qollāb andāxtan | قلاب انداختن |
| mordre (vt) | gāz gereftan | گاز گرفتن |

| pêche (f) (poisson capturé) | seyd | صید |
| trou (m) dans la glace | surāx dar yax | سوراخ دریخ |

| filet (m) | tur | تور |
| barque (f) | qāyeq | قایق |

pêcher au filet	bā tur-e māhi gereftan	با تورماهی گرفتن
jeter un filet	tur andāxtan	تور انداختن
retirer le filet	tur rā birun āvardan	تور را بیرون آوردن
tomber dans le filet	be tur oftādan	به تور افتادن

baleinier (m)	seyād-e nahang	صیاد نهنگ
baleinière (f)	kešti-ye seyd-e nahang	کشتی صید نهنگ
harpon (m)	neyze	نیزه

134. Les jeux. Le billard

billard (m)	bilyārd	بیلیارد
salle (f) de billard	otāq-e bilyārd	اتاق بیلیارد
bille (f) de billard	tup	توپ
empocher une bille	tup vāred-e pākat kardan	توپ وارد پاکت کردن
queue (f)	čub-e bilyārd	چوب بیلیارد
poche (f)	pākat	پاکت

135. Les jeux de cartes

carreau (m)	xešt	خشت
pique (m)	peyk	پیک
cœur (m)	del	دل
trèfle (m)	xāj	خاج
as (m)	tak xāl	تک خال
roi (m)	šāh	شاه
dame (f)	bi bi	بی بی
valet (m)	sarbāz	سرباز
carte (f)	varaq	ورق
jeu (m) de cartes	varaq	ورق
atout (m)	xāl-e hokm	خال حکم
paquet (m) de cartes	daste-ye varaq	دستهٔ ورق
point (m)	xāl	خال
distribuer (les cartes)	varaq dādan	ورق دادن
battre les cartes	bar zadan	بر زدن
tour (m) de jouer	harekat	حرکت
tricheur (m)	moteqalleb	متقلب

136. Les loisirs. Les jeux

se promener (vp)	gardeš kardan	گردش کردن
promenade (f)	gardeš	گردش
promenade (f) (en voiture)	siyāhat	سیاحت
aventure (f)	mājarā	ماجرا
pique-nique (m)	pik nik	پیک نیک
jeu (m)	bāzi	بازی
joueur (m)	bāzikon	بازیکن
partie (f) (~ de cartes, etc.)	dor-e bazi	دوربازی
collectionneur (m)	kolleksiyoner	کلکسیونر
collectionner (vt)	jam'-e āvari kardan	جمع آوری کردن
collection (f)	koleksiyon	کلکسیون
mots (m pl) croisés	kalamāt-e moteqāte'	کلمات متقاطع
hippodrome (m)	meydān-e asb-e davāni	میدان اسب دوانی

discothèque (f)	disko	دیسکو
sauna (m)	sonā	سونا
loterie (f)	baxt-e āzmāyi	بخت آزمایی

trekking (m)	rāh peymāyi	راه پیمایی
camp (m)	ordugāh	اردوگاه
tente (f)	čādor	چادر
boussole (f)	qotb namā	قطب نما
campeur (m)	kamp nešin	کمپ نشین

regarder (la télé)	tamāšā kardan	تماشا کردن
téléspectateur (m)	tamāšāči	تماشاچی
émission (f) de télé	barnāme-ye televiziyoni	برنامه تلویزیونی

137. La photographie

appareil (m) photo	durbin-e akkāsi	دوربین عکاسی
photo (f)	aks	عکس

photographe (m)	akkās	عکاس
studio (m) de photo	ātolye-ye akkāsi	آتلیۀ عکاسی
album (m) de photos	ālbom-e aks	آلبوم عکس

objectif (m)	lenz-e durbin	لنز دوربین
téléobjectif (m)	lenz-e tale-ye foto	لنز تله فوتو
filtre (m)	filter	فیلتر
lentille (f)	lenz	لنز

optique (f)	optik	اپتیک
diaphragme (m)	diyāfrāgm	دیافراگم
temps (m) de pose	sor'at-e bāz šodan-e lenz	سرعت بازشدن لنز
viseur (m)	namā yāb	نما یاب

appareil (m) photo numérique	durbin-e dijitāl	دوربین دیجیتال
trépied (m)	se pāye	سه پایه
flash (m)	feleš	فلش

photographier (vt)	akkāsi kardan	عکاسی کردن
prendre en photo	aks gereftan	عکس گرفتن
se faire prendre en photo	aks gereftan	عکس گرفتن

mise (f) au point	noqte-ye kānuni	نقطه کانونی
mettre au point	motemarkez kardan	متمرکز کردن
net (adj)	vāzeh	واضح
netteté (f)	vozuh	وضوح

contraste (m)	konterāst	کنتراست
contrasté (adj)	konterāst	کنتراست

épreuve (f)	aks	عکس
négatif (m)	film-e negātiv	فیلم نگاتیو
pellicule (f)	film	فیلم
image (f)	čārcub	چارچوب
tirer (des photos)	čāp kardan	چاپ کردن

138. La plage. La baignade

plage (f)	pelāž	پلاژ
sable (m)	šen	شن
désert (plage ~e)	xāli	خالی
bronzage (m)	hammām-e āftāb	حمام آفتاب
se bronzer (vp)	hammām-e āftāb gereftan	حمام آفتاب گرفتن
bronzé (adj)	boronze	برنزه
crème (f) solaire	kerem-e zedd-e āftāb	کرم ضد آفتاب
bikini (m)	māyo-ye do tekke	مایوی دو تکه
maillot (m) de bain	māyo	مایو
slip (m) de bain	māyo	مایو
piscine (f)	estaxr	استخر
nager (vi)	šenā kardan	شنا کردن
douche (f)	duš	دوش
se changer (vp)	lebās avaz kardan	لباس عوض کردن
serviette (f)	howle	حوله
barque (f)	qāyeq	قایق
canot (m) à moteur	qāyeq-e motori	قایق موتوری
ski (m) nautique	eski-ye ruy-ye āb	اسکی روی آب
pédalo (m)	qāyeq-e pedāli	قایق پدالی
surf (m)	mowj savāri	موج سواری
surfeur (m)	mowj savār	موج سوار
scaphandre (m) autonome	eskowba	اسکوبا
palmes (f pl)	baleha-ye qavvāsl	باله های غواصی
masque (m)	māsk	ماسک
plongeur (m)	qavvās	غواص
plonger (vi)	širje raftan	شیرجه رفتن
sous l'eau (adv)	zir-e ābi	زیر آبی
parasol (m)	čatr	چتر
chaise (f) longue	sandali-ye rāhati	صندلی راحتی
lunettes (f pl) de soleil	eynak āftābi	عینک آفتابی
matelas (m) pneumatique	tošak-e ābi	تشک آبی
jouer (s'amuser)	bāzi kardan	بازی کردن
se baigner (vp)	ābtani kardan	آبتنی کردن
ballon (m) de plage	tup	توپ
gonfler (vt)	bād kardan	باد کردن
gonflable (adj)	bādi	بادی
vague (f)	mowj	موج
bouée (f)	šenāvar	شناور
se noyer (vp)	qarq šodan	غرق شدن
sauver (vt)	najāt dādan	نجات دادن
gilet (m) de sauvetage	jeliqe-ye nejāt	جلیقهٔ نجات
observer (vt)	mošāhede kardan	مشاهده کردن
maître nageur (m)	nejāt-e dahande	نجات دهنده

LE MATÉRIEL TECHNIQUE. LES TRANSPORTS

Le matériel technique

139. L'informatique

ordinateur (m)	kāmpiyuter	کامپیوتر
PC (m) portable	lap tāp	لپ تاپ
allumer (vt)	rowšan kardan	روشن کردن
éteindre (vt)	xāmuš kardan	خاموش کردن
clavier (m)	sahfe kelid	صفحه کلید
touche (f)	kelid	کلید
souris (f)	māows	ماوس
tapis (m) de souris	māows pad	ماوس پد
bouton (m)	dokme	دکمه
curseur (m)	makān namā	مکان نما
moniteur (m)	monitor	مونیتور
écran (m)	safhe	صفحه
disque (m) dur	hārd disk	هارد دیسک
capacité (f) du disque dur	hajm-e hard	حجم هارد
mémoire (f)	hāfeze	حافظه
mémoire (f) vive	hāfeze-ye ram	حافظه رم
fichier (m)	parvande	پرونده
dossier (m)	puše	پوشه
ouvrir (vt)	bāz kardan	باز کردن
fermer (vt)	bastan	بستن
sauvegarder (vt)	zaxire kardan	ذخیره کردن
supprimer (vt)	hazf kardan	حذف کردن
copier (vt)	kopi kardan	کپی کردن
trier (vt)	tabaqe bandi kardan	طبقه بندی کردن
copier (vt)	kopi kardan	کپی کردن
programme (m)	barnāme	برنامه
logiciel (m)	narm afzār	نرم افزار
programmeur (m)	barnāme-ye nevis	برنامه نویس
programmer (vt)	barnāme-nevisi kardan	برنامه نویسی کردن
hacker (m)	haker	هکر
mot (m) de passe	kalame-ye obur	کلمه عبور
virus (m)	virus	ویروس
découvrir (détecter)	peydā kardan	پیدا کردن
bit (m)	bāyt	بایت

mégabit (m)	megābāyt	مگابایت
données (f pl)	dāde-hā	داده ها
base (f) de données	pāygāh dāde-hā	پایگاه داده ها

câble (m)	kābl	کابل
déconnecter (vt)	jodā kardan	جدا کردن
connecter (vt)	vasl kardan	وصل کردن

140. L'Internet. Le courrier électronique

Internet (m)	internet	اینترنت
navigateur (m)	morurgar	مرورگر
moteur (m) de recherche	motor-e jostoju	موتور جستجو
fournisseur (m) d'accès	erāe-ye dehande	ارائه دهنده

administrateur (m) de site	tarrāh-e vebsāyt	طراح وب سایت
site (m) web	veb-sāyt	وب سایت
page (f) web	safhe-ye veb	صفحه وب

| adresse (f) | nešāni | نشانی |
| carnet (m) d'adresses | daftarče-ye nešāni | دفترچه نشانی |

boîte (f) de réception	sanduq-e post	صندوق پست
courrier (m)	post	پست
pleine (adj)	por	پر

message (m)	payām	پیام
messages (pl) entrants	payāmhā-ye vorudi	پیامهای ورودی
messages (pl) sortants	payamhā-ye xoruji	پیامهای خروجی

expéditeur (m)	ferestande	فرستنده
envoyer (vt)	ferestādan	فرستادن
envoi (m)	ersāl	ارسال

| destinataire (m) | girande | گیرنده |
| recevoir (vt) | gereftan | گرفتن |

| correspondance (f) | mokātebe | مکاتبه |
| être en correspondance | mokātebe kardan | مکاتبه کردن |

fichier (m)	parvande	پرونده
télécharger (vt)	dānlod kardan	دانلود کردن
créer (vt)	ijād kardan	ایجاد کردن
supprimer (vt)	hazf kardan	حذف کردن
supprimé (adj)	hazf šode	حذف شده

connexion (f) (ADSL, etc.)	ertebāt	ارتباط
vitesse (f)	sor'at	سرعت
modem (m)	modem	مودم
accès (m)	dastyābi	دستیابی
port (m)	dargāh	درگاه

| connexion (f) (établir la ~) | ertebāt | ارتباط |
| se connecter à … | vasl šodan | وصل شدن |

| sélectionner (vt) | entexāb kardan | انتخاب کردن |
| rechercher (vt) | jostoju kardan | جستجو کردن |

Les transports

141. L'avion

avion (m)	havāpeymā	هواپیما
billet (m) d'avion	belit-e havāpeymā	بلیط هواپیما
compagnie (f) aérienne	šerkat-e havāpeymāyi	شرکت هواپیمایی
aéroport (m)	forudgāh	فرودگاه
supersonique (adj)	māvarā sowt	ماوراء صوت
commandant (m) de bord	kāpitān	کاپیتان
équipage (m)	xadame	خدمه
pilote (m)	xalabān	خلبان
hôtesse (f) de l'air	mehmāndār-e havāpeymā	مهماندار هواپیما
navigateur (m)	nāvbar	ناویر
ailes (f pl)	bāl-hā	بال ها
queue (f)	dam	دم
cabine (f)	kābin	کابین
moteur (m)	motor	موتور
train (m) d'atterrissage	šāssi	شاسی
turbine (f)	turbin	توربین
hélice (f)	parvāne	پروانه
boîte (f) noire	ja'be-ye siyāh	جعبه سیاه
gouvernail (m)	farmān	فرمان
carburant (m)	suxt	سوخت
consigne (f) de sécurité	dasturol'amal	دستورالعمل
masque (m) à oxygène	māsk-e oksižen	ماسک اکسیژن
uniforme (m)	oniform	اونیفورم
gilet (m) de sauvetage	jeliqe-ye nejāt	جلیقهٔ نجات
parachute (m)	čatr-e nejāt	چترنجات
décollage (m)	parvāz	پرواز
décoller (vi)	parvāz kardan	پرواز کردن
piste (f) de décollage	bānd-e forudgāh	باند فرودگاه
visibilité (f)	meydān did	میدان دید
vol (m) (~ d'oiseau)	parvāz	پرواز
altitude (f)	ertefā'	ارتفاع
trou (m) d'air	čāle-ye havāyi	چاله هوایی
place (f)	jā	جا
écouteurs (m pl)	gu ši	گوشی
tablette (f)	sini-ye tāšow	سینی تاشو
hublot (m)	panjere	پنجره
couloir (m)	rāhrow	راهرو

142. Le train

train (m)	qatār	قطار
train (m) de banlieue	qatār-e barqi	قطار برقی
TGV (m)	qatār-e sari'osseyr	قطارسریع السیر
locomotive (f) diesel	lokomotiv-e dizel	لوکوموتیو دیزل
locomotive (f) à vapeur	lokomotiv-e boxar	لوکوموتیو بخار

wagon (m)	vāgon	واگن
wagon-restaurant (m)	vāgon-e resturān	واگن رستوران

rails (m pl)	reyl-hā	ریل ها
chemin (m) de fer	rāh āhan	راه آهن
traverse (f)	reyl-e band	ریل بند

quai (m)	sakku-ye rāh-āhan	سکوی راه آهن
voie (f)	masir	مسیر
sémaphore (m)	nešanar	نشانبر
station (f)	istgāh	ایستگاه

conducteur (m) de train	rānande	راننده
porteur (m)	bārbar	باربر
steward (m)	rāhnamā-ye qatār	راهنمای قطار
passager (m)	mosāfer	مسافر
contrôleur (m) de billets	kontorol či	کنترل چی

couloir (m)	rāhrow	راهرو
frein (m) d'urgence	tormoz-e ezterāri	ترمز اضطراری

compartiment (m)	kupe	کوپه
couchette (f)	taxt-e kupe	تخت کوپه
couchette (f) d'en haut	taxt-e bālā	تخت بالا
couchette (f) d'en bas	taxt-e pāyin	تخت پایین
linge (m) de lit	raxt-e xāb	رخت خواب

ticket (m)	belit	بلیط
horaire (m)	barnāme	برنامه
tableau (m) d'informations	barnāme-ye zamāni	برنامه زمانی

partir (vi)	tark kardan	ترک کردن
départ (m) (du train)	harekat	حرکت
arriver (le train)	residan	رسیدن
arrivée (f)	vorud	ورود

arriver en train	bā qatār āmadan	با قطار آمدن
prendre le train	savār-e qatār šodan	سوار قطار شدن
descendre du train	az qatār piyāde šodan	از قطار پیاده شدن

accident (m) ferroviaire	sānehe	سانحه
dérailler (vi)	az xat xārej šodan	از خط خارج شدن

locomotive (f) à vapeur	lokomotiv-e boxar	لوکوموتیو بخار
chauffeur (m)	ātaškār	آتشکار
chauffe (f)	ātašdān	آتشدان
charbon (m)	zoqāl sang	زغال سنگ

143. Le bateau

bateau (m)	kešti	کشتی
navire (m)	kešti	کشتی
bateau (m) à vapeur	kešti-ye boxāri	کشتی بخاری
paquebot (m)	qāyeq-e rudxāne	قایق رودخانه
bateau (m) de croisière	kešti-ye tafrihi	کشتی تفریحی
croiseur (m)	razm nāv	رزم ناو
yacht (m)	qāyeq-e tafrihi	قایق تفریحی
remorqueur (m)	yadak keš	یدک کش
péniche (f)	kešti-ye bārkeše yadaki	کشتی بارکش یدکی
ferry (m)	kešti-ye farābar	کشتی فرابر
voilier (m)	kešti-ye bādbāni	کشتی بادبانی
brigantin (m)	košti dozdān daryā-yi	کشتی دزدان دریایی
brise-glace (m)	kešti-ye yaxšekan	کشتی یخ شکن
sous-marin (m)	zirdaryāyi	زیردریایی
canot (m) à rames	qāyeq	قایق
dinghy (m)	qāyeq-e tafrihi	قایق تفریحی
canot (m) de sauvetage	qāyeq-e nejāt	قایق نجات
canot (m) à moteur	qāyeq-e motori	قایق موتوری
capitaine (m)	kāpitān	کاپیتان
matelot (m)	malavān	ملوان
marin (m)	malavān	ملوان
équipage (m)	xadāmē	خدمه
maître (m) d'équipage	sar malavān	سر ملوان
mousse (m)	šāgerd-e malavān	شاگرد ملوان
cuisinier (m) du bord	āšpaz-e kešti	آشپز کشتی
médecin (m) de bord	pezešk-e kešti	پزشک کشتی
pont (m)	arše-ye kešti	عرشهٔ کشتی
mât (m)	dakal	دکل
voile (f)	bādbān	بادبان
cale (f)	anbār	انبار
proue (f)	sine-ye kešti	سینه کشتی
poupe (f)	aqab kešti	عقب کشتی
rame (f)	pāru	پارو
hélice (f)	parvāne	پروانه
cabine (f)	otāq-e kešti	اتاق کشتی
carré (m) des officiers	otāq-e afsarān	اتاق افسران
salle (f) des machines	motor xāne	موتور خانه
passerelle (f)	pol-e farmāndehi	پل فرماندهی
cabine (f) de T.S.F.	kābin-e bisim	کابین بی سیم
onde (f)	mowj	موج
journal (m) de bord	roxdād nāme	رخداد نامه
longue-vue (f)	teleskop	تلسکوپ
cloche (f)	nāqus	ناقوس

pavillon (m)	parčam	پرچم
grosse corde (f) tressée	tanāb	طناب
nœud (m) marin	gereh	گره
rampe (f)	narde	نرده
passerelle (f)	pol	پل
ancre (f)	langar	لنگر
lever l'ancre	langar kešidan	لنگر کشیدن
jeter l'ancre	langar andāxtan	لنگر انداختن
chaîne (f) d'ancrage	zanjir-e langar	زنجیر لنگر
port (m)	bandar	بندر
embarcadère (m)	eskele	اسکله
accoster (vi)	pahlu gereftan	پهلو گرفتن
larguer les amarres	tark kardan	ترک کردن
voyage (m) (à l'étranger)	mosāferat	مسافرت
croisière (f)	safar-e daryāyi	سفر دریایی
cap (m) (suivre un ~)	masir	مسیر
itinéraire (m)	masir	مسیر
chenal (m)	kešti-ye ru	کشتی رو
bas-fond (m)	mahall-e kam omq	محل کم عمق
échouer sur un bas-fond	be gel nešastan	به گل نشستن
tempête (f)	tufān	طوفان
signal (m)	alāmat	علامت
sombrer (vi)	qarq šodan	غرق شدن
Un homme à la mer!	kas-i dar hāl-e qarq šodan-ast!	کسی در حال غرق شدن است!
SOS (m)	sos	SOS
bouée (f) de sauvetage	kamarband-e nejāt	کمربند نجات

144. L'aéroport

aéroport (m)	forudgāh	فرودگاه
avion (m)	havāpeymā	هواپیما
compagnie (f) aérienne	šerkat-e havāpeymāyi	شرکت هواپیمایی
contrôleur (m) aérien	ma'mur-e kontorol-e terāfik-e havāyi	مأمور کنترل ترافیک هوایی
départ (m)	azimat	عزیمت
arrivée (f)	vorud	ورود
arriver (par avion)	residan	رسیدن
temps (m) de départ	zamān-e parvāz	زمان پرواز
temps (m) d'arrivée	zamān-e vorud	زمان ورود
être retardé	ta'xir kardan	تأخیر کردن
retard (m) de l'avion	ta'xir-e parvāz	تأخیر پرواز
tableau (m) d'informations	tāblo-ye ettelā'āt	تابلوی اطلاعات
information (f)	ettelā'āt	اطلاعات

annoncer (vt)	e'lām kardan	اعلام کردن
vol (m)	parvāz	پرواز
douane (f)	gomrok	گمرک
douanier (m)	ma'mur-e gomrok	مأمور گمرک
déclaration (f) de douane	ežhār-nāme	اظهارنامه
remplir (vt)	por kardan	پر کردن
remplir la déclaration	ezhār-nāme rā por kardan	اظهارنامه را پر کردن
contrôle (m) de passeport	kontorol-e gozarnāme	کنترل گذرنامه
bagage (m)	bār	بار
bagage (m) à main	bār-e dasti	بار دستی
chariot (m)	čarx-e hamle bar	چرخ حمل بار
atterrissage (m)	forud	فرود
piste (f) d'atterrissage	bānd-e forudgāh	باند فرودگاه
atterrir (vi)	nešastan	نشستن
escalier (m) d'avion	pellekān	پلکان
enregistrement (m)	ček in	چک این
comptoir (m) d'enregistrement	bāje-ye kontorol	باجه کنترل
s'enregistrer (vp)	čekin kardan	چکاین کردن
carte (f) d'embarquement	kārt-e parvāz	کارت پرواز
porte (f) d'embarquement	gi-yat xoruj	گیت خروج
transit (m)	terānzit	ترانزیت
attendre (vt)	montazer budan	منتظر بودن
salle (f) d'attente	tālār-e entezār	تالار انتظار
raccompagner (à l'aéroport, etc.)	badraqe kardan	بدرقه کردن
dire au revoir	xodāhāfezi kardan	خداحافظی کردن

145. Le vélo. La moto

vélo (m)	dočarxe	دوچرخه
scooter (m)	eskuter	اسکوتر
moto (f)	motorsiklet	موتورسیکلت
faire du vélo	bā dočarxe raftan	با دوچرخه رفتن
guidon (m)	farmān-e dočarxe	فرمان دوچرخه
pédale (f)	pedāl	پدال
freins (m pl)	tormoz	ترمز
selle (f)	zin	زین
pompe (f)	pomp	پمپ
porte-bagages (m)	tarakband	ترکبند
phare (m)	čerāq-e jelo	چراغ جلو
casque (m)	kolāh-e imeni	کلاه ایمنی
roue (f)	čarx	چرخ
garde-boue (m)	golgir	گلگیر
jante (f)	towqe	طوقه
rayon (m)	parre	پره

La voiture

146. Les différents types de voiture

automobile (f)	otomobil	اتومبيل
voiture (f) de sport	otomobil-e varzeši	اتومبيل ورزشى
limousine (f)	limozin	ليموزين
tout-terrain (m)	jip	جيپ
cabriolet (m)	kābriyole	كابريوليه
minibus (m)	mini bus	مينى بوس
ambulance (f)	āmbolāns	آمبولانس
chasse-neige (m)	māšin-e barfrub	ماشين برف روب
camion (m)	kāmiyon	كاميون
camion-citerne (m)	tānker	تانكر
fourgon (m)	kāmiyon	كاميون
tracteur (m) routier	tereyler	تريلر
remorque (f)	yadak	يدك
confortable (adj)	rāhat	راحت
d'occasion (adj)	dast-e dovvom	دست دوم

147. La voiture. La carrosserie

capot (m)	kāput	كاپوت
aile (f)	golgir	گلگير
toit (m)	saqf	سقف
pare-brise (m)	šiše-ye jelo	شيشه جلو
rétroviseur (m)	āyene-ye did-e aqab	آينه ديد عقب
lave-glace (m)	pak konande	پاک كننده
essuie-glace (m)	barf pāk kon	برف پاک كن
fenêtre (f) latéral	šiše-ye baqal	شيشه بغل
lève-glace (m)	šiše bālābar	شيشه بالابر
antenne (f)	ānten	آنتن
toit (m) ouvrant	sanrof	سانروف
pare-chocs (m)	separ	سپر
coffre (m)	sanduq-e aqab	صندوق عقب
galerie (f) de toit	bārband	باربند
portière (f)	darb	درب
poignée (f)	dastgire-ye dar	دستگيرهٔ در
serrure (f)	qofl	قفل
plaque (f) d'immatriculation	pelāk	پلاک
silencieux (m)	xafe kon	خفه كن

réservoir (m) d'essence	bāk-e benzin	باک بنزین
pot (m) d'échappement	lule-ye egzoz	لولۀ اگزوز
accélérateur (m)	gāz	گاز
pédale (f)	pedāl	پدال
pédale (f) d'accélérateur	pedāl-e gāz	پدال گاز
frein (m)	tormoz	ترمز
pédale (f) de frein	pedāl-e tormoz	پدال ترمز
freiner (vi)	tormoz kardan	ترمز کردن
frein (m) à main	tormoz-e dasti	ترمز دستی
embrayage (m)	kelāč	کلاچ
pédale (f) d'embrayage	pedāl-e kelāč	پدال کلاچ
disque (m) d'embrayage	disk-e kelāč	دیسک کلاچ
amortisseur (m)	komak-e fanar	کمک فنر
roue (f)	čarx	چرخ
roue (f) de rechange	zāpās	زاپاس
enjoliveur (m)	qālpāq	قالپاق
roues (f pl) motrices	čarxhā-ye moharrek	چرخ های محرک
à traction avant	mehvarhā-ye jelo	محورهای جلو
à traction arrière	mehvarhā-ye aqab	محورهای عقب
à traction intégrale	tamām-e čarx	تمام چرخ
boîte (f) de vitesses	ja'be-ye dande	جعبۀ دنده
automatique (adj)	otumātik	اتوماتیک
mécanique (adj)	mekāniki	مکانیکی
levier (m) de vitesse	ahrom-e ja'be dande	اهرم جعبه دنده
phare (m)	čerāq-e jelo	چراغ جلو
feux (m pl)	čerāq-hā	چراغ ها
feux (m pl) de croisement	nur-e pāin	نور پائین
feux (m pl) de route	nur-e bālā	نور بالا
feux (m pl) stop	čerāq-e tormoz	چراغ ترمز
feux (m pl) de position	čerāqhā-ye pārk	چراغ های پارک
feux (m pl) de détresse	čerāqha-ye xatar	چراغ های خطر
feux (m pl) de brouillard	čerāqhā-ye meh-e šekan	چراغ های مه شکن
clignotant (m)	čerāq-e rāhnamā	چراغ راهنما
feux (m pl) de recul	čerāq-e dande-ye aqab	چراغ دنده عقب

148. La voiture. L'habitacle

habitacle (m)	dāxel-e xodrow	داخل خودرو
en cuir (adj)	čarmi	چرمی
en velours (adj)	maxmali	مخملی
revêtement (m)	tuduzi	تودوزی
instrument (m)	abzār	ابزار
tableau (m) de bord	safhe-ye dāšbord	صفحه داشبورد
indicateur (m) de vitesse	sor'at sanj	سرعت سنج

aiguille (f)	aqrabe	عقربه
compteur (m) de kilomètres	kilumetr-e šomār	کیلومتر شمار
indicateur (m)	nešāngar	نشانگر
niveau (m)	sath	سطح
témoin (m)	lāmp	لامپ

volant (m)	farmān	فرمان
klaxon (m)	buq	بوق
bouton (m)	dokme	دکمه
interrupteur (m)	kelid	کلید

siège (m)	sandali	صندلی
dossier (m)	pošti-ye sandali	پشتی صندلی
appui-tête (m)	zir-e seri	زیر سری
ceinture (f) de sécurité	kamarband-e imeni	کمربند ایمنی
mettre la ceinture	kamarband rā bastan	کمربند را بستن
réglage (m)	tanzim	تنظیم

airbag (m)	kise-ye havā	کیسه هوا
climatiseur (m)	tahviye-ye matbu'	تهویه مطبوع

radio (f)	rādiyo	رادیو
lecteur (m) de CD	paxš konande-ye si di	پخش کننده سی دی
allumer (vt)	rowšan kardan	روشن کردن
antenne (f)	ānten	آنتن
boîte (f) à gants	dāšbord	داشبورد
cendrier (m)	zir-sigāri	زیرسیگاری

149. La voiture. Le moteur

moteur (m)	motor	موتور
diesel (adj)	dizel	دیزل
à essence (adj)	benzin	بنزین

capacité (f) du moteur	hajm-e motor	حجم موتور
puissance (f)	niru	نیرو
cheval-vapeur (m)	asb-e boxār	اسب بخار
piston (m)	pistun	پیستون
cylindre (m)	silandr	سیلندر
soupape (f)	supāp	سوپاپ

injecteur (m)	anžektor	انژکتور
générateur (m)	ženerātor	ژنراتور
carburateur (m)	kārborātor	کاربراتور
huile (f) moteur	rowqan-e motor	روغن موتور

radiateur (m)	rādiyātor	رادیاتور
liquide (m) de refroidissement	māye-'e sard konande	مایع سرد کننده
ventilateur (m)	fan-e xonak konande	فن خنک کننده

batterie (f)	bātri-ye māšin	باتری ماشین
starter (m)	estārt	استارت
allumage (m)	ehterāq	احتراق
bougie (f) d'allumage	šam'-e motor	شمع موتور

borne (f)	pāyāne	پایانه
borne (f) positive	mosbat	مثبت
borne (f) négative	manfi	منفی
fusible (m)	fiyuz	فیوز
filtre (m) à air	filter-e havā	فیلتر هوا
filtre (m) à huile	filter-e rowqan	فیلتر روغن
filtre (m) à essence	filter-e suxt	فیلتر سوخت

150. La voiture. La réparation

accident (m) de voiture	tasādof	تصادف
accident (m) de route	tasādof	تصادف
percuter contre …	barxord kardan	برخورد کردن
s'écraser (vp)	tasādof kardan	تصادف کردن
dégât (m)	āsib	آسیب
intact (adj)	sālem	سالم
panne (f)	xarābi	خرابی
tomber en panne	xarāb šodan	خراب شدن
corde (f) de remorquage	sim-e boksel	سیم بکسل
crevaison (f)	pančar	پنچر
crever (vi) (pneu)	pančar šodan	پنچر شدن
gonfler (vt)	bād kardan	باد کردن
pression (f)	fešār	فشار
vérifier (vt)	barresi kardan	بررسی کردن
réparation (f)	ta'mir	تعمیر
garage (m) (atelier)	ta'mirgāh-e xodro	تعمیرگاه خودرو
pièce (f) détachée	qet'e-ye yadaki	قطعه یدکی
pièce (f)	qet'e	قطعه
boulon (m)	pič	پیچ
vis (f)	pič	پیچ
écrou (m)	mohre	مهره
rondelle (f)	vāšer	واشر
palier (m)	yātāqān	یاتاقان
tuyau (m)	lule	لوله
joint (m)	vāšer	واشر
fil (m)	sim	سیم
cric (m)	jak	جک
clé (f) de serrage	āčār	آچار
marteau (m)	čakoš	چکش
pompe (f)	pomp	پمپ
tournevis (m)	pič gušti	پیچ گوشتی
extincteur (m)	kapsul-e ātašnešāni	کپسول آتش نشانی
triangle (m) de signalisation	alāmat-e ehtiyāt	علامت احتیاط
caler (vi)	xāmuš šodan	خاموش شدن
calage (m)	tavaqqof	توقف

être en panne	xarāb budan	خراب بودن
surchauffer (vi)	juš āvardan	جوش آوردن
se boucher (vp)	masdud šodan	مسدود شدن
geler (vi)	yax bastan	یخ بستن
éclater (tuyau, etc.)	tarakidan	ترکیدن

pression (f)	fešār	فشار
niveau (m)	sath	سطح
lâche (courroie ~)	za'if	ضعیف

fosse (f)	foruraftegi	فرورفتگی
bruit (m) anormal	sedā	صدا
fissure (f)	tarak	ترک
égratignure (f)	xarāš	خراش

151. La voiture. La route

route (f)	rāh	راه
grande route (autoroute)	bozorgrāh	بزرگراه
autoroute (f)	āzād-e rāh	آزاد راه
direction (f)	samt	سمت
distance (f)	masāfat	مسافت

pont (m)	pol	پل
parking (m)	pārking	پارکینگ
place (f)	meydān	میدان
échangeur (m)	dowr bargardān	دوربرگردان
tunnel (m)	tunel	تونل

station-service (f)	pomp-e benzin	پمپ بنزین
parking (m)	pārking	پارکینگ
poste (m) d'essence	pomp-e benzin	پمپ بنزین
garage (m) (atelier)	ta'mirgāh-e xodro	تعمیرگاه خودرو
se ravitailler (vp)	benzin zadan	بنزین زدن
carburant (m)	suxt	سوخت
jerrycan (m)	dabbe	دبه

asphalte (m)	āsfālt	آسفالت
marquage (m)	alāmat-e gozari	علامت گذاری
bordure (f)	labe-ye jadval	لبه جدول
barrière (f) de sécurité	narde	نرده
fossé (m)	juy	جوی
bas-côté (m)	kenār rāh	کنار راه
réverbère (m)	tir-e barq	تیر برق

conduire (une voiture)	rāndan	راندن
tourner (~ à gauche)	pičidan	پیچیدن
faire un demi-tour	dowr zadan	دور زدن
marche (f) arrière	dande aqab	دنده عقب

klaxonner (vi)	buq zadan	بوق زدن
coup (m) de klaxon	buq	بوق
s'embourber (vp)	gir kardan	گیر کردن
déraper (vi)	sor xordan	سر خوردن

couper (le moteur)	xāmuš kardan	خاموش کردن
vitesse (f)	sor'at	سرعت
dépasser la vitesse	az sor'at-e mojāz gozāštan	ازسرعت مجاز گذشتن
mettre une amende	jarime kardan	جریمه کردن
feux (m pl) de circulation	čerāq-e rāhnamā	چراغ راهنما
permis (m) de conduire	govāhi-nāme-ye rānandegi	گواهینامهٔ رانندگی
passage (m) à niveau	taqāto'	تقاطع
carrefour (m)	čahārrāh	چهارراه
passage (m) piéton	xatt-e āber-e piyāde	خط عابرپیاده
virage (m)	pič	پیچ
zone (f) piétonne	mantaqe-ye āber-e piyāde	منطقهٔ عابر پیاده

LES GENS. LES ÉVÉNEMENTS

Les grands événements de la vie

152. Les fêtes et les événements

fête (f)	jašn	جشن
fête (f) nationale	eyd-e melli	عيد ملى
jour (m) férié	ruz-e jašn	روز جشن
fêter (vt)	jašn gereftan	جشن گرفتن
événement (m) (~ du jour)	vāqe'e	واقعه
événement (m) (soirée, etc.)	ruydād	رويداد
banquet (m)	ziyāfat	ضيافت
réception (f)	ziyāfat	ضيافت
festin (m)	jašn	جشن
anniversaire (m)	sālgard	سالگرد
jubilé (m)	sālgard	سالگرد
célébrer (vt)	jašn gereftan	جشن گرفتن
Nouvel An (m)	sāl-e now	سال نو
Bonne année!	sāl-e now mobārak	سال نو مبارک
Père Noël (m)	bābā noel	بابا نوئل
Noël (m)	kerismas	کريسمس
Joyeux Noël!	kerismas mobārak!	کريسمس مبارک!
arbre (m) de Noël	kāj kerismas	کاج کريسمس
feux (m pl) d'artifice	ātaš-e bāzi	آتش بازی
mariage (m)	arusi	عروسى
fiancé (m)	dāmād	داماد
fiancée (f)	arus	عروس
inviter (vt)	da'vat kardan	دعوت کردن
lettre (f) d'invitation	da'vatnāme	دعوتنامه
invité (m)	mehmān	مهمان
visiter (~ les amis)	be mehmāni raftan	به مهمانى رفتن
accueillir les invités	az mehmānān esteqbāl kardan	از مهمانان استقبال کردن
cadeau (m)	hedye	هديه
offrir (un cadeau)	hadye dādan	هديه دادن
recevoir des cadeaux	hediye gereftan	هديه گرفتن
bouquet (m)	daste-ye gol	دسته گل
félicitations (f pl)	tabrik	تبريک
féliciter (vt)	tabrik goftan	تبريک گفتن

carte (f) de veux	kārt-e tabrik	کارت تبریک
envoyer une carte	kārt-e tabrik ferestādan	کارت تبریک فرستادن
recevoir une carte	kārt-e tabrik gereftan	کارت تبریک گرفتن

toast (m)	be salāmati-ye kas-i nušidan	به سلامتی کسی نوشیدن
offrir (un verre, etc.)	pazirāyi kardan	پذیرایی کردن
champagne (m)	šāmpāyn	شامپاین

s'amuser (vp)	šādi kardan	شادی کردن
gaieté (f)	šādi	شادی
joie (f) (émotion)	maserrat	مسرت

danse (f)	raqs	رقص
danser (vi, vt)	raqsidan	رقصیدن

valse (f)	raqs-e vāls	رقص والس
tango (m)	raqs tāngo	رقص تانگو

153. L'enterrement. Le deuil

cimetière (m)	qabrestān	قبرستان
tombe (f)	qabr	قبر
croix (f)	salib	صلیب
pierre (f) tombale	sang-e qabr	سنگ قبر
clôture (f)	hesār	حصار
chapelle (f)	kelisā-ye kučak	کلیسای کوچک

mort (f)	marg	مرگ
mourir (vi)	mordan	مردن
défunt (m)	marhum	مرحوم
deuil (m)	azā	عزا

enterrer (vt)	dafn kardan	دفن کردن
maison (f) funéraire	xadamat-e kafno dafn	خدمات کفن ودفن
enterrement (m)	tašyi-'e jenāze	تشییع جنازه
couronne (f)	tāj-e gol	تاج گل
cercueil (m)	tābut	تابوت
corbillard (m)	na'š keš	نعش کش
linceul (m)	kafan	کفن

cortège (m) funèbre	tašyi-'e jenāze	تشییع جنازه
urne (f) funéraire	zarf-e xākestar-e morde	ظرف خاکستر مرده
crématoire (m)	morde suz xāne	مرده سوز خانه

nécrologue (m)	āgahi-ye tarhim	آگهی ترحیم
pleurer (vi)	gerye kardan	گریه کردن
sangloter (vi)	zār zār gerye kardan	زار زارگریه کردن

154. La guerre. Les soldats

section (f)	daste	دسته
compagnie (f)	goruhān	گروهان

régiment (m)	hang	هنگ
armée (f)	arteš	ارتش
division (f)	laškar	لشکر

| détachement (m) | daste | دسته |
| armée (f) (Moyen Âge) | laškar | لشکر |

| soldat (m) (un militaire) | sarbāz | سرباز |
| officier (m) | afsar | افسر |

soldat (m) (grade)	sarbāz	سرباز
sergent (m)	goruhbān	گروهبان
lieutenant (m)	sotvān	ستوان
capitaine (m)	kāpitān	کاپیتان
commandant (m)	sargord	سرگرد
colonel (m)	sarhang	سرهنگ
général (m)	ženerāl	ژنرال

marin (m)	malavān	ملوان
capitaine (m)	kāpitān	کاپیتان
maître (m) d'équipage	sar malavān	سر ملوان

artilleur (m)	tupči	توپچی
parachutiste (m)	sarbāz-e čatrbāz	سرباز چترباز
pilote (m)	xalabān	خلبان
navigateur (m)	nāvbar	ناور
mécanicien (m)	mekānik	مکانیک

démineur (m)	mohandes estehkāmāt	مهندس استحکامات
parachutiste (m)	čatr bāz	چترباز
éclaireur (m)	ettelā'āti	اطلاعاتی
tireur (m) d'élite	tak tir andāz	تک تیر انداز

patrouille (f)	gašt	گشت
patrouiller (vi)	gašt zadan	گشت زدن
sentinelle (f)	negahbān	نگهبان

| guerrier (m) | jangju | جنگجو |
| patriote (m) | mihan parast | میهن پرست |

| héros (m) | qahremān | قهرمان |
| héroïne (f) | qahremān-e zan | قهرمان زن |

| traître (m) | xāen | خائن |
| trahir (vt) | xiyānat kardan | خیانت کردن |

| déserteur (m) | farāri | فراری |
| déserter (vt) | farāri budan | فراری بودن |

mercenaire (m)	mozdur	مزدور
recrue (f)	sarbāz-e jadid	سرباز جدید
volontaire (m)	dāvtalab	داوطلب

mort (m)	morde	مرده
blessé (m)	zaxmi	زخمی
prisonnier (m) de guerre	asir	اسیر

142

155. La guerre. Partie 1

guerre (f)	jang	جنگ
faire la guerre	jangidan	جنگیدن
guerre (f) civile	jang-e dāxeli	جنگ داخلی
perfidement (adv)	xāenāne	خائنانه
déclaration (f) de guerre	e'lān-e jang	اعلان جنگ
déclarer (la guerre)	e'lān kardan	اعلان کردن
agression (f)	tajāvoz	تجاوز
attaquer (~ un pays)	hamle kardan	حمله کردن
envahir (vt)	tajāvoz kardan	تجاوز کردن
envahisseur (m)	tajāvozgar	تجاوزگر
conquérant (m)	fāteh	فاتح
défense (f)	defā'	دفاع
défendre (vt)	defā' kardan	دفاع کردن
se défendre (vp)	az xod defā' kardan	از خود دفاع کردن
ennemi (m)	došman	دشمن
adversaire (m)	moxālef	مخالف
ennemi (adj) (territoire ~)	došman	دشمن
stratégie (f)	rāhbord	راهبرد
tactique (f)	tāktik	تاکتیک
ordre (m)	farmān	فرمان
commande (f)	dastur	دستور
ordonner (vt)	farmān dādan	فرمان دادن
mission (f)	ma'muriyat	مأموریت
secret (adj)	mahramāne	محرمانه
bataille (f)	jang	جنگ
combat (m)	nabard	نبرد
attaque (f)	hamle	حمله
assaut (m)	yureš	یورش
prendre d'assaut	yureš bordan	یورش بردن
siège (m)	mohāsere	محاصره
offensive (f)	hamle	حمله
passer à l'offensive	hamle kardan	حمله کردن
retraite (f)	aqab nešini	عقب نشینی
faire retraite	aqab nešini kardan	عقب نشینی کردن
encerclement (m)	mohāsere	محاصره
encercler (vt)	mohāsere kardan	محاصره کردن
bombardement (m)	bombārān-e havāyi	بمباران هوایی
lancer une bombe	bomb andaxtan	بمب انداختن
bombarder (vt)	bombārān kardan	بمباران کردن
explosion (f)	enfejār	انفجار
coup (m) de feu	tirandāzi	تیراندازی

tirer un coup de feu	tirandāzi kardan	تیراندازی کردن
fusillade (f)	tirandāzi	تیراندازی
viser ... (cible)	nešāne raftan	نشانه رفتن
pointer (sur ...)	šhellik kardan	شلیک کردن
atteindre (cible)	residan	رسیدن
faire sombrer	qarq šodan	غرق شدن
trou (m) (dans un bateau)	surāx	سوراخ
sombrer (navire)	qarq šodan	غرق شدن
front (m)	jebhe	جبهه
évacuation (f)	taxliye	تخلیه
évacuer (vt)	taxliye kardan	تخلیه کردن
tranchée (f)	sangar	سنگر
barbelés (m pl)	sim-e xārdār	سیم خاردار
barrage (m) (~ antichar)	hesār	حصار
tour (f) de guet	borj	برج
hôpital (m)	bimārestān-e nezāmi	بیمارستان نظامی
blesser (vt)	majruh kardan	مجروح کردن
blessure (f)	zaxm	زخم
blessé (m)	zaxmi	زخمی
être blessé	zaxmi šodan	زخمی شدن
grave (blessure)	zaxm-e saxt	زخم سخت

156. Les armes

arme (f)	selāh	سلاح
armes (f pl) à feu	aslahe-ye garm	اسلحۀ گرم
armes (f pl) blanches	aslahe-ye sard	اسلحۀ سرد
arme (f) chimique	taslihāt-e šimiyāyi	تسلیحات شیمیایی
nucléaire (adj)	haste i	هسته ای
arme (f) nucléaire	taslihāt-e hastei	تسلیحات هسته ای
bombe (f)	bomb	بمب
bombe (f) atomique	bomb-e atomi	بمب اتمی
pistolet (m)	kolt	کلت
fusil (m)	tofang	تفنگ
mitraillette (f)	mosalsal-e xodkār	مسلسل خودکار
mitrailleuse (f)	mosalsal	مسلسل
bouche (f)	sar-e lule-ye tofang	سر لوله تفنگ
canon (m)	lule-ye tofang	لوله تفنگ
calibre (m)	kālibr	کالیبر
gâchette (f)	māše	ماشه
mire (f)	nešāne ravi	نشانه روی
magasin (m)	xešāb	خشاب
crosse (f)	qondāq	قنداق
grenade (f) à main	nārenjak	نارنجک

explosif (m)	mādde-ye monfajere	مادۀ منفجره
balle (f)	golule	گلوله
cartouche (f)	fešang	فشنگ
charge (f)	mohemmāt	مهمات
munitions (f pl)	mohemmāt	مهمات

bombardier (m)	bomb-afkan	بمبافكن
avion (m) de chasse	jangande	جنگنده
hélicoptère (m)	helikopter	هليكوپتر

pièce (f) de D.C.A.	tup-e zedd-e havāyi	توپ ضد هوایی
char (m)	tānk	تانک
canon (m) d'un char	tup	توپ

artillerie (f)	tupxāne	توپخانه
canon (m)	tofang	تفنگ
pointer (~ l'arme)	šhellik kardan	شلیک کردن

obus (m)	xompāre	خمپاره
obus (m) de mortier	xompāre	خمپاره
mortier (m)	xompāre andāz	خمپاره انداز
éclat (m) d'obus	tarkeš	ترکش

sous-marin (m)	zirdaryāyi	زیردریایی
torpille (f)	eždar	اژدر
missile (m)	mušak	موشک

charger (arme)	por kardan	پر کردن
tirer (vi)	tirandāzi kardan	تیراندازی کردن
viser ... (cible)	nešāne raftan	نشانه رفتن
baïonnette (f)	sarneyze	سرنیزه

épée (f)	šamšir	شمشیر
sabre (m)	šamšir	شمشیر
lance (f)	neyze	نیزه
arc (m)	kamān	کمان
flèche (f)	tir	تیر
mousquet (m)	tofang fetile-i	تفنگ فتیله‌ای
arbalète (f)	kamān zanburak-i	کمان زنبورکی

157. Les hommes préhistoriques

primitif (adj)	avvaliye	اولیه
préhistorique (adj)	piš az tārix	پیش از تاریخ
ancien (adj)	qadimi	قدیمی

Âge (m) de pierre	asr-e hajar	عصر حجر
Âge (m) de bronze	asr-e mafraq	عصر مفرغ
période (f) glaciaire	dowre-ye yaxbandān	دورۀ یخبندان

tribu (f)	qabile	قبیله
cannibale (m)	ādam xār	آدم خوار
chasseur (m)	šekārči	شکارچی
chasser (vi, vt)	šekār kardan	شکار کردن

mammouth (m)	māmut	ماموت
caverne (f)	qār	غار
feu (m)	ātaš	آتش
feu (m) de bois	ātaš	آتش
dessin (m) rupestre	qār negāre	غار نگاره

outil (m)	abzār-e kār	ابزار کار
lance (f)	neyze	نیزه
hache (f) en pierre	tabar-e sangi	تبر سنگی
faire la guerre	jangidan	جنگیدن
domestiquer (vt)	rām kardan	رام کردن

idole (f)	bot	بت
adorer, vénérer (vt)	parastidan	پرستیدن
superstition (f)	xorāfe	خرافه
rite (m)	marāsem	مراسم

évolution (f)	takāmol	تکامل
développement (m)	pišraft	پیشرفت
disparition (f)	enqerāz	انقراض
s'adapter (vp)	sāzgār šodan	سازگار شدن

archéologie (f)	bāstān-šenāsi	باستان شناسی
archéologue (m)	bāstān-šenās	باستان شناس
archéologique (adj)	bāstān-šenāsi	باستان شناسی

site (m) d'excavation	mahall-e haffārihā	محل حفاری ها
fouilles (f pl)	haffāri-hā	حفاری ها
trouvaille (f)	yāfteh	یافته
fragment (m)	qet'e	قطعه

158. Le Moyen Âge

peuple (m)	mellat	ملت
peuples (m pl)	mellat-hā	ملت ها
tribu (f)	qabile	قبیله
tribus (f pl)	qabāyel	قبایل

Barbares (m pl)	barbar-hā	بربر ها
Gaulois (m pl)	gul-hā	گول ها
Goths (m pl)	gat-hā	گت ها
Slaves (m pl)	eslāv-hā	اسلاو ها
Vikings (m pl)	vāyking-hā	وایکینگ ها

| Romains (m pl) | rumi-hā | رومی ها |
| romain (adj) | rumi | رومی |

byzantins (m pl)	bizānsi-hā	بیزانسی ها
Byzance (f)	bizāns	بیزانس
byzantin (adj)	bizānsi	بیزانسی

empereur (m)	emperātur	امپراطور
chef (m)	rahbar	رهبر
puissant (adj)	moqtader	مقتدر

| roi (m) | šāh | شاه |
| gouverneur (m) | hākem | حاکم |

chevalier (m)	šovālie	شوالیه
féodal (m)	feodāl	فئودال
féodal (adj)	feodāli	فئودالی
vassal (m)	ra'yat	رعیت

duc (m)	duk	دوک
comte (m)	kont	کنت
baron (m)	bāron	بارون
évêque (m)	osqof	اسقف

armure (f)	zereh	زره
bouclier (m)	separ	سپر
glaive (m)	šamšir	شمشیر
visière (f)	labe-ye kolāh	لبه کلاه
cotte (f) de mailles	jowšan	جوشن

| croisade (f) | jang-e salibi | جنگ صلیبی |
| croisé (m) | jangju-ye salibi | جنگجوی صلیبی |

| territoire (m) | qalamrow | قلمرو |
| attaquer (~ un pays) | hamle kardan | حمله کردن |

| conquérir (vt) | fath kardan | فتح کردن |
| occuper (envahir) | ešqāl kardan | اشغال کردن |

siège (m)	mohāsere	محاصره
assiégé (adj)	mahsur	محصور
assiéger (vt)	mohāsere kardan	محاصره کردن

inquisition (f)	taftiš-e aqāyed	تفتیش عقاید
inquisiteur (m)	mofatteš	مفتش
torture (f)	šekanje	شکنجه
cruel (adj)	bi rahm	بی رحم

| hérétique (m) | molhed | ملحد |
| hérésie (f) | ertedād | ارتداد |

navigation (f) en mer	daryānavardi	دریانوردی
pirate (m)	dozd-e daryāyi	دزد دریایی
piraterie (f)	dozdi-ye daryāyi	دزدی دریایی
abordage (m)	hamle ruye arše	حمله روی عرشه

| butin (m) | qanimat | غنیمت |
| trésor (m) | ganj | گنج |

découverte (f)	kašf	کشف
découvrir (vt)	kašf kardan	کشف کردن
expédition (f)	safar	سفر

mousquetaire (m)	tofangdār	تفنگدار
cardinal (m)	kārdināl	کاردینال
héraldique (f)	nešān-šenāsi	نشان شناسی
héraldique (adj)	manquš	منقوش

147

159. Les dirigeants. Les responsables. Les autorités

roi (m)	šāh	شاه
reine (f)	maleke	ملكه
royal (adj)	šāhi	شاهی
royaume (m)	pādšāhi	پادشاهی
prince (m)	šāhzāde	شاهزاده
princesse (f)	pranses	پرنسس
président (m)	ra'is jomhur	رئیس جمهور
vice-président (m)	mo'āven-e rais-e jomhur	معاون رئیس جمهور
sénateur (m)	senātor	سناتور
monarque (m)	pādšāh	پادشاه
gouverneur (m)	hākem	حاکم
dictateur (m)	diktātor	دیکتاتور
tyran (m)	zālem	ظالم
magnat (m)	najib zāde	نجیب زاده
directeur (m)	modir	مدیر
chef (m)	ra'is	رئیس
gérant (m)	modir	مدیر
boss (m)	ra'is	رئیس
patron (m)	sāheb	صاحب
leader (m)	rahbar	رهبر
chef (m) (~ d'une délégation)	ra'is	رئیس
autorités (f pl)	maqāmāt	مقامات
supérieurs (m pl)	roasā	رؤسا
gouverneur (m)	farmāndār	فرماندار
consul (m)	konsul	کنسول
diplomate (m)	diplomāt	دیپلمات
maire (m)	šahrdār	شهردار
shérif (m)	kalāntar	کلانتر
empereur (m)	emperātur	امپراطور
tsar (m)	tezār	تزار
pharaon (m)	fer'own	فرعون
khan (m)	xān	خان

160. Les crimes. Les criminels. Partie 1

bandit (m)	rāhzan	راهزن
crime (m)	jenāyat	جنایت
criminel (m)	jenāyatkār	جنایتکار
voleur (m)	dozd	دزد
voler (qch à qn)	dozdidan	دزدیدن
vol (m) (activité)	dozdi	دزدی
vol (m) (~ à la tire)	serqat	سرقت
kidnapper (vt)	ādam robudan	آدم ربودن

148

kidnapping (m)	ādam robāyi	آدم ربایی
kidnappeur (m)	ādam robā	آدم ربا
rançon (f)	bāj	باج
exiger une rançon	bāj xāstan	باج خواستن
cambrioler (vt)	serqat kardan	سرقت کردن
cambriolage (m)	serqat	سرقت
cambrioleur (m)	qāratgar	غارتگر
extorquer (vt)	axxāzi kardan	اخاذی کردن
extorqueur (m)	axxāz	اخاذ
extorsion (f)	axxāzi	اخاذی
tuer (vt)	koštan	کشتن
meurtre (m)	qatl	قتل
meurtrier (m)	qātel	قاتل
coup (m) de feu	tirandāzi	تیراندازی
tirer un coup de feu	tirandāzi kardan	تیراندازی کردن
abattre (par balle)	bā tir zadan	با تیر زدن
tirer (vi)	tirandāzi kardan	تیراندازی کردن
coups (m pl) de feu	tirandāzi	تیراندازی
incident (m)	vāqe‘e	واقعه
bagarre (f)	zad-o xord	زد و خورد
Au secours!	komak!	کمک!
victime (f)	qorbāni	قربانی
endommager (vt)	xesārat resāndan	خسارت رساندن
dommage (m)	xesārat	خسارت
cadavre (m)	jasad	جسد
grave (~ crime)	vaxim	وخیم
attaquer (vt)	hamle kardan	حمله کردن
battre (frapper)	zadan	زدن
passer à tabac	kotak zadan	کتک زدن
prendre (voler)	bezur gereftan	به زور گرفتن
poignarder (vt)	čāqu zadan	چاقو زدن
mutiler (vt)	ma'yub kardan	معیوب کردن
blesser (vt)	majruh kardan	مجروح کردن
chantage (m)	šāntāž	شانتاژ
faire chanter	axxāzi kardan	اخاذی کردن
maître (m) chanteur	axxāz	اخاذ
racket (m) de protection	axxāzi	اخاذی
racketteur (m)	axxāz	اخاذ
gangster (m)	gāngester	گانگستر
mafia (f)	māfiyā	مافیا
pickpocket (m)	jib bor	جیب بر
cambrioleur (m)	sāreq	سارق
contrebande (f) (trafic)	qāčāq	قاچاق
contrebandier (m)	qāčāqči	قاچاقچی
contrefaçon (f)	qollābi	قلابی

| falsifier (vt) | ja'l kardan | جعل کردن |
| faux (falsifié) | ja'li | جعلی |

161. Les crimes. Les criminels. Partie 2

viol (m)	tajāvoz be nāmus	تجاوز به ناموس
violer (vt)	tajāvoz kardan	تجاوز کردن
violeur (m)	zenā konande	زنا کننده
maniaque (m)	majnun	مجنون

prostituée (f)	fāheše	فاحشه
prostitution (f)	fāhešegi	فاحشگی
souteneur (m)	jākeš	جاکش

| drogué (m) | mo'tād | معتاد |
| trafiquant (m) de drogue | forušande-ye mavādd-e moxadder | فروشندۀ مواد مخدر |

faire exploser	monfajer kardan	منفجر کردن
explosion (f)	enfejār	انفجار
mettre feu	ātaš zadan	آتش زدن
incendiaire (m)	ātaš afruz	آتش افروز

terrorisme (m)	terorism	تروریسم
terroriste (m)	terorist	تروریست
otage (m)	gerowgān	گروگان

escroquer (vt)	farib dādan	فریب دادن
escroquerie (f)	farib	فریب
escroc (m)	hoqqe bāz	حقه باز

soudoyer (vt)	rešve dādan	رشوه دادن
corruption (f)	rešve	رشوه
pot-de-vin (m)	rešve	رشوه

poison (m)	zahr	زهر
empoisonner (vt)	masmum kardan	مسموم کردن
s'empoisonner (vp)	masmum šodan	مسموم شدن

| suicide (m) | xod-koši | خودکشی |
| suicidé (m) | xod-koši konande | خودکشی کننده |

menacer (vt)	tahdid kardan	تهدید کردن
menace (f)	tahdid	تهدید
attenter (vt)	su'-e qasd kardan	سوء قصد کردن
attentat (m)	su'-e qasd	سوء قصد

| voler (un auto) | robudan | ربودن |
| détourner (un avion) | havāpeymā robāyi | هواپیما ربایی |

vengeance (f)	enteqām	انتقام
se venger (vp)	enteqām gereftan	انتقام گرفتن
torturer (vt)	šekanje dādan	شکنجه دادن
torture (f)	šekanje	شکنجه

tourmenter (vt)	aziyat kardan	اذیت کردن
pirate (m)	dozd-e daryāyi	دزد دریایی
voyou (m)	owbāš	اوباش
armé (adj)	mosallah	مسلح
violence (f)	xošunat	خشونت
illégal (adj)	qeyr-e qānuni	غیر قانونی
espionnage (m)	jāsusi	جاسوسی
espionner (vt)	jāsusi kardan	جاسوسی کردن

162. La police. La justice. Partie 1

justice (f)	edālat	عدالت
tribunal (m)	dādgāh	دادگاه
juge (m)	qāzi	قاضی
jury (m)	hey'at-e monsefe	هیئت منصفه
cour (f) d'assises	hey'at-e monsefe	هیئت منصفه
juger (vt)	mohākeme kardan	محاکمه کردن
avocat (m)	vakil	وکیل
accusé (m)	mottaham	متهم
banc (m) des accusés	jāygāh-e mottaham	جایگاه متهم
inculpation (f)	ettehām	اتهام
inculpé (m)	mottaham	متهم
condamnation (f)	hokm	حکم
condamner (vt)	mahkum kardan	محکوم کردن
coupable (m)	moqasser	مقصر
punir (vt)	mojāzāt kardan	مجازات کردن
punition (f)	mojāzāt	مجازات
amende (f)	jarime	جریمه
détention (f) à vie	habs-e abad	حبس ابد
peine (f) de mort	e'dām	اعدام
chaise (f) électrique	sandali-ye barqi	صندلی برقی
potence (f)	čube-ye dār	چوبه دار
exécuter (vt)	e'dām kardan	اعدام کردن
exécution (f)	e'dām	اعدام
prison (f)	zendān	زندان
cellule (f)	sellul-e zendān	سلول زندان
escorte (f)	eskort	اسکورت
gardien (m) de prison	negahbān zendān	نگهبان زندان
prisonnier (m)	zendāni	زندانی
menottes (f pl)	dastband	دستبند
mettre les menottes	dastband zadan	دستبند زدن
évasion (f)	farār	فرار
s'évader (vp)	farār kardan	فرار کردن

disparaître (vi)	nāpadid šodan	ناپدید شدن
libérer (vt)	āzād kardan	آزاد کردن
amnistie (f)	afv-e omumi	عفو عمومی

police (f)	polis	پلیس
policier (m)	polis	پلیس
commissariat (m) de police	kalāntari	کلانتری
matraque (f)	bātum	باتوم
haut parleur (m)	bolandgu	بلندگو

voiture (f) de patrouille	māšin-e gašt	ماشین گشت
sirène (f)	āžir-e xatar	آژیر خطر
enclencher la sirène	āžir rā rowšan kardan	آژیررا روشن کردن
hurlement (m) de la sirène	sedā-ye āžir	صدای آژیر

lieu (m) du crime	mahall-e jenāyat	محل جنایت
témoin (m)	šāhed	شاهد
liberté (f)	āzādi	آزادی
complice (m)	hamdast	همدست
s'enfuir (vp)	maxfi šodan	مخفی شدن
trace (f)	rad	رد

163. La police. La justice. Partie 2

recherche (f)	jostoju	جستجو
rechercher (vt)	jostoju kardan	جستجو کردن
suspicion (f)	šok	شک
suspect (adj)	maškuk	مشکوک
arrêter (dans la rue)	motevaghef kardan	متوقف کردن
détenir (vt)	dastgir kardan	دستگیر کردن

affaire (f) (~ pénale)	parvande	پرونده
enquête (f)	tahqiq	تحقیق
détective (m)	kārāgāh	کاراگاه
enquêteur (m)	bāzpors	بازپرس
hypothèse (f)	farziye	فرضیه

motif (m)	angize	انگیزه
interrogatoire (m)	bāzporsi	بازپرسی
interroger (vt)	bāzporsi kardan	بازپرسی کردن
interroger (~ les voisins)	estentāq kardan	استنطاق کردن
inspection (f)	taftiš	تفتیش

rafle (f)	mohāsere	محاصره
perquisition (f)	taftiš	تفتیش
poursuite (f)	ta'qib	تعقیب
poursuivre (vt)	ta'qib kardan	تعقیب کردن
dépister (vt)	donbāl kardan	دنبال کردن

arrestation (f)	bāzdāšt	بازداشت
arrêter (vt)	bāzdāšt kardan	بازداشت کردن
attraper (~ un criminel)	dastgir kardan	دستگیر کردن
capture (f)	dastgiri	دستگیری
document (m)	sanad	سند

preuve (f)	esbāt	اثبات
prouver (vt)	esbāt kardan	اثبات کردن
empreinte (f) de pied	rad-e pā	رد پا
empreintes (f pl) digitales	asar-e angošt	اثر انگشت
élément (m) de preuve	šavāhed	شواهد
alibi (m)	ozr-e qeybat	عذر غیبت
innocent (non coupable)	bi gonāh	بی گناه
injustice (f)	bi edālati	بی عدالتی
injuste (adj)	qeyr-e ādelāne	غیر عادلانه
criminel (adj)	jenāyi	جنایی
confisquer (vt)	mosādere kardan	مصادره کردن
drogue (f)	mavādd-e moxadder	مواد مخدر
arme (f)	selāh	سلاح
désarmer (vt)	xal'-e selāh kardan	خلع سلاح کردن
ordonner (vt)	farmān dādan	فرمان دادن
disparaître (vi)	nāpadid šodan	ناپدید شدن
loi (f)	qānun	قانون
légal (adj)	qānuni	قانونی
illégal (adj)	qeyr-e qānuni	غیر قانونی
responsabilité (f)	mas'uliyat	مسئولیت
responsable (adj)	mas'ul	مسئول

LA NATURE

La Terre. Partie 1

164. L'espace cosmique

cosmos (m)	fazā	فضا
cosmique (adj)	fazāyi	فضایی
espace (m) cosmique	fazā-ye keyhān	فضای کیهان
monde (m)	jahān	جهان
univers (m)	giti	گیتی
galaxie (f)	kahkešān	کهکشان
étoile (f)	setāre	ستاره
constellation (f)	surat-e falaki	صورت فلکی
planète (f)	sayyāre	سیاره
satellite (m)	māhvāre	ماهواره
météorite (m)	sang-e āsmāni	سنگ آسمانی
comète (f)	setāre-ye donbāle dār	ستارهٔ دنباله دار
astéroïde (m)	šahāb	شهاب
orbite (f)	madār	مدار
tourner (vi)	gardidan	گردیدن
atmosphère (f)	jav	جو
Soleil (m)	āftāb	آفتاب
système (m) solaire	manzume-ye šamsi	منظومه شمسی
éclipse (f) de soleil	kosuf	کسوف
Terre (f)	zamin	زمین
Lune (f)	māh	ماه
Mars (m)	merrix	مریخ
Vénus (f)	zahre	زهره
Jupiter (m)	moštari	مشتری
Saturne (m)	zohal	زحل
Mercure (m)	atārod	عطارد
Uranus (m)	orānus	اورانوس
Neptune	nepton	نپتون
Pluton (m)	poloton	پلوتون
la Voie Lactée	kahkešān rāh-e širi	کهکشان راه شیری
la Grande Ours	dobb-e akbar	دب اکبر
la Polaire	setāre-ye qotbi	ستاره قطبی
martien (m)	merrixi	مریخی
extraterrestre (m)	farā zamini	فرا زمینی

| alien (m) | mowjud fazāyi | موجود فضایی |
| soucoupe (f) volante | bošqāb-e parande | بشقاب پرنده |

vaisseau (m) spatial	fazā peymā	فضا پیما
station (f) orbitale	istgāh-e fazāyi	ایستگاه فضایی
lancement (m)	rāh andāzi	راه اندازی

moteur (m)	motor	موتور
tuyère (f)	nāzel	نازل
carburant (m)	suxt	سوخت

cabine (f)	kābin	کابین
antenne (f)	ānten	آنتن
hublot (m)	panjere	پنجره
batterie (f) solaire	bātri-ye xoršidi	باطری خورشیدی
scaphandre (m)	lebās-e fazānavardi	لباس فضانوردی

| apesanteur (f) | bi vazni | بی وزنی |
| oxygène (m) | oksižen | اکسیژن |

| arrimage (m) | vasl | وصل |
| s'arrimer à ... | vasl kardan | وصل کردن |

observatoire (m)	rasadxāne	رصدخانه
télescope (m)	teleskop	تلسکوپ
observer (vt)	mošāhede kardan	مشاهده کردن
explorer (un cosmos)	kašf kardan	کشف کردن

165. La Terre

Terre (f)	zamin	زمین
globe (m) terrestre	kare-ye zamin	کرۀ زمین
planète (f)	sayyāre	سیاره

atmosphère (f)	jav	جو
géographie (f)	joqrāfiyā	جغرافیا
nature (f)	tabi'at	طبیعت

globe (m) de table	kare-ye joqrāfiyāyi	کرۀ جغرافیایی
carte (f)	naqše	نقشه
atlas (m)	atlas	اطلس

| Europe (f) | orupā | اروپا |
| Asie (f) | āsiyā | آسیا |

| Afrique (f) | āfriqā | آفریقا |
| Australie (f) | ostorāliyā | استرالیا |

Amérique (f)	emrikā	امریکا
Amérique (f) du Nord	emrikā-ye šomāli	امریکای شمالی
Amérique (f) du Sud	emrikā-ye jonubi	امریکای جنوبی

| l'Antarctique (m) | qotb-e jonub | قطب جنوب |
| l'Arctique (m) | qotb-e šomāl | قطب شمال |

166. Les quatre parties du monde

nord (m)	šomāl	شمال
vers le nord	be šomāl	به شمال
au nord	dar šomāl	در شمال
du nord (adj)	šomāli	شمالی
sud (m)	jonub	جنوب
vers le sud	be jonub	به جنوب
au sud	dar jonub	در جنوب
du sud (adj)	jonubi	جنوبی
ouest (m)	qarb	غرب
vers l'occident	be qarb	به غرب
à l'occident	dar qarb	در غرب
occidental (adj)	qarbi	غربی
est (m)	šarq	شرق
vers l'orient	be šarq	به شرق
à l'orient	dar šarq	در شرق
oriental (adj)	šarqi	شرقی

167. Les océans et les mers

mer (f)	daryā	دریا
océan (m)	oqyānus	اقیانوس
golfe (m)	xalij	خلیج
détroit (m)	tange	تنگه
terre (f) ferme	zamin	زمین
continent (m)	qāre	قاره
île (f)	jazire	جزیره
presqu'île (f)	šeb-e jazire	شبه جزیره
archipel (m)	majma'-ol-jazāyer	مجمع‌الجزایر
baie (f)	xalij-e kučak	خلیج کوچک
port (m)	langargāh	لنگرگاه
lagune (f)	mordāb	مرداب
cap (m)	damāqe	دماغه
atoll (m)	jazire-ye marjāni	جزیره مرجانی
récif (m)	tappe-ye daryāyi	تپه دریایی
corail (m)	marjān	مرجان
récif (m) de corail	tappe-ye marjāni	تپه مرجانی
profond (adj)	amiq	عمیق
profondeur (f)	omq	عمق
abîme (m)	partgāh	پرتگاه
fosse (f) océanique	derāz godāl	درازگودال
courant (m)	jaryān	جریان
baigner (vt) (mer)	ehāte kardan	احاطه کردن

| littoral (m) | sāhel | ساحل |
| côte (f) | sāhel | ساحل |

marée (f) haute	mod	مد
marée (f) basse	jazr	جزر
banc (m) de sable	sāhel-e šeni	ساحل شنی
fond (m)	qa'r	قعر

vague (f)	mowj	موج
crête (f) de la vague	nok	نوک
mousse (f)	kaf	کف

tempête (f) en mer	tufān-e daryāyi	طوفان دریایی
ouragan (m)	tufān	طوفان
tsunami (m)	sonāmi	سونامی
calme (m)	sokun-e daryā	سکون دریا
calme (tranquille)	ārām	آرام

| pôle (m) | qotb | قطب |
| polaire (adj) | qotbi | قطبی |

latitude (f)	arz-e joqrāfiyāyi	عرض جغرافیایی
longitude (f)	tul-e joqrāfiyāyi	طول جغرافیایی
parallèle (f)	movāzi	موازی
équateur (m)	xatt-e ostavā	خط استوا

ciel (m)	āsemān	آسمان
horizon (m)	ofoq	افق
air (m)	havā	هوا

phare (m)	fānus-e daryāyi	فانوس دریایی
plonger (vi)	širje raftan	شیرجه رفتن
sombrer (vi)	qarq šodan	غرق شدن
trésor (m)	ganj	گنج

168. Les montagnes

montagne (f)	kuh	کوه
chaîne (f) de montagnes	rešte-ye kuh	رشته کوه
crête (f)	selsele-ye jebāl	سلسله جبال

sommet (m)	qolle	قله
pic (m)	qolle	قله
pied (m)	dāmane-ye kuh	دامنۀ کوه
pente (f)	šib	شیب

volcan (m)	ātaš-fešān	آتشفشان
volcan (m) actif	ātaš-fešān-e fa'āl	آتش فشان فعال
volcan (m) éteint	ātaš-fešān-e xāmuš	آتش فشان خاموش

éruption (f)	favarān	فوران
cratère (m)	dahāne-ye ātašfešān	دهانۀ آتش فشان
magma (m)	māgmā	ماگما
lave (f)	godāze	گدازه

en fusion (lave ~)	godāxte	گداخته
canyon (m)	tange	تنگ
défilé (m) (gorge)	darre-ye tang	دره تنگ
crevasse (f)	tange	تنگ
précipice (m)	partgāh	پرتگاه
col (m) de montagne	gozargāh	گذرگاه
plateau (m)	falāt	فلات
rocher (m)	saxre	صخره
colline (f)	tappe	تپه
glacier (m)	yaxčāl	یخچال
chute (f) d'eau	ābšār	آبشار
geyser (m)	češme-ye āb-e garm	چشمهٔ آب گرم
lac (m)	daryāče	دریاچه
plaine (f)	jolge	جلگه
paysage (m)	manzare	منظره
écho (m)	en'ekās-e sowt	انعکاس صوت
alpiniste (m)	kuhnavard	کوهنورد
varappeur (m)	saxre-ye navard	صخره نورد
conquérir (vt)	fath kardan	فتح کردن
ascension (f)	so'ud	صعود

169. Les fleuves

rivière (f), fleuve (m)	rudxāne	رودخانه
source (f)	češme	چشمه
lit (m) (d'une rivière)	bastar	بستر
bassin (m)	howze	حوضه
se jeter dans ...	rixtan	ریختن
affluent (m)	enše'āb	انشعاب
rive (f)	sāhel	ساحل
courant (m)	jaryān	جریان
en aval	be samt-e pāin-e rudxāne	به سمت پائین رودخانه
en amont	be samt-e bālā-ye rudxāne	به سمت بالای رودخانه
inondation (f)	seyl	سیل
les grandes crues	toqyān	طغیان
déborder (vt)	toqyān kardan	طغیان کردن
inonder (vt)	toqyān kardan	طغیان کردن
bas-fond (m)	tangāb	تنگاب
rapide (m)	tondāb	تندآب
barrage (m)	sad	سد
canal (m)	kānāl	کانال
lac (m) de barrage	maxzan-e āb	مخزن آب
écluse (f)	ābgir	آبگیر
plan (m) d'eau	maxzan-e āb	مخزن آب
marais (m)	bātlāq	باتلاق

| fondrière (f) | lajan zār | لجن زار |
| tourbillon (m) | gerdāb | گرداب |

ruisseau (m)	ravad	رود
potable (adj)	āšāmidani	آشامیدنی
douce (l'eau ~)	širin	شیرین

| glace (f) | yax | یخ |
| être gelé | yax bastan | یخ بستن |

170. La forêt

| forêt (f) | jangal | جنگل |
| forestier (adj) | jangali | جنگلی |

fourré (m)	jangal-e anbuh	جنگل انبوه
bosquet (m)	biše	بیشه
clairière (f)	marqzār	مرغزار

| broussailles (f pl) | biše-hā | بیشه ها |
| taillis (m) | bute zār | بوته زار |

| sentier (m) | kure-ye rāh | کوره راه |
| ravin (m) | darre | دره |

arbre (m)	deraxt	درخت
feuille (f)	barg	برگ
feuillage (m)	šāx-o barg	شاخ و برگ

chute (f) de feuilles	barg rizi	برگ ریزی
tomber (feuilles)	rixtan	ریختن
sommet (m)	nok	نوک

rameau (m)	šāxe	شاخه
branche (f)	šāxe	شاخه
bourgeon (m)	šokufe	شکوفه
aiguille (f)	suzan	سوزن
pomme (f) de pin	maxrut-e kāj	مخروط کاج

creux (m)	surāx	سوراخ
nid (m)	lāne	لانه
terrier (m) (~ d'un renard)	lāne	لانه

tronc (m)	tane	تنه
racine (f)	riše	ریشه
écorce (f)	pust	پوست
mousse (f)	xaze	خزه

déraciner (vt)	rišekan kardan	ریشه کن کردن
abattre (un arbre)	boridan	بریدن
déboiser (vt)	boridan	بریدن
souche (f)	kande-ye deraxt	کندۀ درخت
feu (m) de bois	ātaš	آتش
incendie (m)	ātaš suzi	آتش سوزی

éteindre (feu)	xāmuš kardan	خاموش کردن
garde (m) forestier	jangal bān	جنگل بان
protection (f)	mohāfezat	محافظت
protéger (vt)	mohāfezat kardan	محافظت کردن
braconnier (m)	šekārči-ye qeyr-e qānuni	شکارچی غیر قانونی
piège (m) à mâchoires	tale	تله

| cueillir (vt) | čidan | چیدن |
| s'égarer (vp) | gom šodan | گم شدن |

171. Les ressources naturelles

ressources (f pl) naturelles	manābe-'e tabii	منابع طبیعی
minéraux (m pl)	mavādd-e ma'dani	مواد معدنی
gisement (m)	tah nešast	ته نشست
champ (m) (~ pétrolifère)	meydān	میدان

extraire (vt)	estexrāj kardan	استخراج کردن
extraction (f)	estexrāj	استخراج
minerai (m)	sang-e ma'dani	سنگ معدنی
mine (f) (site)	ma'dan	معدن
puits (m) de mine	ma'dan	معدن
mineur (m)	ma'danči	معدنچی

gaz (m)	gāz	گاز
gazoduc (m)	lule-ye gāz	لولهٔ گاز
pétrole (m)	naft	نفت
pipeline (m)	lule-ye naft	لولهٔ نفت
tour (f) de forage	čāh-e naft	چاه نفت
derrick (m)	dakal-e haffāri	دکل حفاری
pétrolier (m)	tānker	تانکر

sable (m)	šen	شن
calcaire (m)	sang-e āhak	سنگ آهک
gravier (m)	sangrize	سنگریزه
tourbe (f)	turb	تورب
argile (f)	xāk-e ros	خاک رس
charbon (m)	zoqāl sang	زغال سنگ

fer (m)	āhan	آهن
or (m)	talā	طلا
argent (m)	noqre	نقره
nickel (m)	nikel	نیکل
cuivre (m)	mes	مس

zinc (m)	ruy	روی
manganèse (m)	mangenez	منگنز
mercure (m)	jive	جیوه
plomb (m)	sorb	سرب

minéral (m)	mādde-ye ma'dani	مادهٔ معدنی
cristal (m)	bolur	بلور
marbre (m)	marmar	مرمر
uranium (m)	orāniyom	اورانیوم

La Terre. Partie 2

172. Le temps

temps (m)	havā	هوا
météo (f)	piš bini havā	پیش بینی هوا
température (f)	damā	دما
thermomètre (m)	damāsanj	دماسنج
baromètre (m)	havāsanj	هواسنج
humide (adj)	martub	مرطوب
humidité (f)	rotubat	رطوبت
chaleur (f) (canicule)	garmā	گرما
torride (adj)	dāq	داغ
il fait très chaud	havā xeyli garm ast	هوا خیلی گرم است
il fait chaud	havā garm ast	هوا گرم است
chaud (modérément)	garm	گرم
il fait froid	sard ast	سرد است
froid (adj)	sard	سرد
soleil (m)	āftāb	آفتاب
briller (soleil)	tābidan	تابیدن
ensoleillé (jour ~)	āftābi	آفتابی
se lever (vp)	tolu' kardan	طلوع کردن
se coucher (vp)	qorob kardan	غروب کردن
nuage (m)	abr	ابر
nuageux (adj)	abri	ابری
nuée (f)	abr-e bārānzā	ابر باران زا
sombre (adj)	tire	تیره
pluie (f)	bārān	باران
il pleut	bārān mibārad	باران می بارد
pluvieux (adj)	bārāni	بارانی
bruiner (v imp)	nam-nam bāridan	نم نم باریدن
pluie (f) torrentielle	bārān šodid	باران شدید
averse (f)	ragbār	رگبار
forte (la pluie ~)	šadid	شدید
flaque (f)	čāle	چاله
se faire mouiller	xis šodan	خیس شدن
brouillard (m)	meh	مه
brumeux (adj)	meh ālud	مه آلود
neige (f)	barf	برف
il neige	barf mibārad	برف می بارد

161

173. Les intempéries. Les catastrophes naturelles

orage (m)	tufān	طوفان
éclair (m)	barq	برق
éclater (foudre)	barq zadan	برق زدن
tonnerre (m)	ra'd	رعد
gronder (tonnerre)	qorridan	غریدن
le tonnerre gronde	ra'd mizanad	رعد می زند
grêle (f)	tagarg	تگرگ
il grêle	tagarg mibārad	تگرگ می بارد
inonder (vt)	toqyān kardan	طغیان کردن
inondation (f)	seyl	سیل
tremblement (m) de terre	zamin-larze	زمین لرزه
secousse (f)	tekān	تکان
épicentre (m)	kānun-e zaminlarze	کانون زمین لرزه
éruption (f)	favarān	فوران
lave (f)	godāze	گدازه
tourbillon (m), tornade (f)	gerdbād	گردباد
typhon (m)	tufān	طوفان
ouragan (m)	tufān	طوفان
tempête (f)	tufān	طوفان
tsunami (m)	sonāmi	سونامی
cyclone (m)	gerdbād	گردباد
intempéries (f pl)	havā-ye bad	هوای بد
incendie (m)	ātaš suzi	آتش سوزی
catastrophe (f)	balā-ye tabi'i	بلای طبیعی
météorite (m)	sang-e āsmāni	سنگ آسمانی
avalanche (f)	bahman	بهمن
éboulement (m)	bahman	بهمن
blizzard (m)	kulāk	کولاک
tempête (f) de neige	barf-o burān	برف و بوران

La faune

174. Les mammifères. Les prédateurs

prédateur (m)	heyvān-e darande	حیوان درنده
tigre (m)	bebar	ببر
lion (m)	šir	شیر
loup (m)	gorg	گرگ
renard (m)	rubāh	روباه
jaguar (m)	jagvār	جگوار
léopard (m)	palang	پلنگ
guépard (m)	yuzpalang	یوزپلنگ
panthère (f)	palang-e siyāh	پلنگ سیاه
puma (m)	yuzpalang	یوزپلنگ
léopard (m) de neiges	palang-e barfi	پلنگ برفی
lynx (m)	siyāh guš	سیاه گوش
coyote (m)	gorg-e sahrāyi	گرگ صحرایی
chacal (m)	šoqāl	شغال
hyène (f)	kaftār	کفتار

175. Les animaux sauvages

animal (m)	heyvān	حیوان
bête (f)	heyvān	حیوان
écureuil (m)	sanjāb	سنجاب
hérisson (m)	xārpošt	خارپشت
lièvre (m)	xarguš	خرگوش
lapin (m)	xarguš	خرگوش
blaireau (m)	gurkan	گورکن
raton (m)	rākon	راکون
hamster (m)	muš-e bozorg	موش بزرگ
marmotte (f)	muš-e xormā-ye kuhi	موش خرمای کوهی
taupe (f)	muš-e kur	موش کور
souris (f)	muš	موش
rat (m)	muš-e sahrāyi	موش صحرایی
chauve-souris (f)	xoffāš	خفاش
hermine (f)	qāqom	قاقم
zibeline (f)	samur	سمور
martre (f)	samur	سمور
belette (f)	rāsu	راسو
vison (m)	tire-ye rāsu	تیره راسو

| castor (m) | sag-e ābi | سگ آبی |
| loutre (f) | samur ābi | سمور آبی |

cheval (m)	asb	اسب
élan (m)	gavazn	گوزن
cerf (m)	āhu	آهو
chameau (m)	šotor	شتر

bison (m)	gāvmiš	گاومیش
aurochs (m)	gāv miš	گاو میش
buffle (m)	bufālo	بوفالو

zèbre (m)	gurexar	گورخر
antilope (f)	boz-e kuhi	بز کوهی
chevreuil (m)	šukā	شوکا
biche (f)	qazāl	غزال
chamois (m)	boz-e kuhi	بز کوهی
sanglier (m)	gorāz	گراز

baleine (f)	nahang	نهنگ
phoque (m)	fak	فک
morse (m)	širmāhi	شیرماهی
ours (m) de mer	gorbe-ye ābi	گربۀ آبی
dauphin (m)	delfin	دلفین

ours (m)	xers	خرس
ours (m) blanc	xers-e sefid	خرس سفید
panda (m)	pāndā	پاندا

singe (m)	meymun	میمون
chimpanzé (m)	šampānze	شمپانزه
orang-outang (m)	orāngutān	اورانگوتان
gorille (m)	guril	گوریل
macaque (m)	mākāk	ماکاک
gibbon (m)	gibon	گیبون

éléphant (m)	fil	فیل
rhinocéros (m)	kargadan	کرگدن
girafe (f)	zarrāfe	زرافه
hippopotame (m)	asb-e ābi	اسب آبی

| kangourou (m) | kāngoro | کانگورو |
| koala (m) | kovālā | کوالا |

mangouste (f)	xadang	خدنگ
chinchilla (m)	čin čila	چین چیلا
mouffette (f)	rāsu-ye badbu	راسوی بدبو
porc-épic (m)	taši	تشی

176. Les animaux domestiques

chat (m) (femelle)	gorbe	گربه
chat (m) (mâle)	gorbe-ye nar	گربۀ نر
chien (m)	sag	سگ

cheval (m)	asb	اسب
étalon (m)	asb-e nar	اسب نر
jument (f)	mādiyān	مادیان
vache (f)	gāv	گاو
taureau (m)	gāv-e nar	گاو نر
bœuf (m)	gāv-e axte	گاو اخته
brebis (f)	gusfand	گوسفند
mouton (m)	gusfand-e nar	گوسفند نر
chèvre (f)	boz-e mādde	بز ماده
bouc (m)	boz-e nar	بز نر
âne (m)	xar	خر
mulet (m)	qāter	قاطر
cochon (m)	xuk	خوک
pourceau (m)	bače-ye xuk	بچهٔ خوک
lapin (m)	xarguš	خرگوش
poule (f)	morq	مرغ
coq (m)	xorus	خروس
canard (m)	ordak	اردک
canard (m) mâle	ordak-e nar	اردک نر
oie (f)	qāz	غاز
dindon (m)	buqalamun-e nar	بوقلمون نر
dinde (f)	buqalamun-e māde	بوقلمون ماده
animaux (m pl) domestiques	heyvānāt-e ahli	حیوانات اهلی
apprivoisé (adj)	ahli	اهلی
apprivoiser (vt)	rām kardan	رام کردن
élever (vt)	parvareš dādan	پرورش دادن
ferme (f)	mazrae	مزرعه
volaille (f)	morq-e xānegi	مرغ خانگی
bétail (m)	dām	دام
troupeau (m)	galle	گله
écurie (f)	establ	اصطبل
porcherie (f)	āqol xuk	آغل خوک
vacherie (f)	āqol gāv	آغل گاو
cabane (f) à lapins	lanye xarguš	لانه خرگوش
poulailler (m)	morq dāni	مرغ دانی

177. Le chien. Les races

chien (m)	sag	سگ
berger (m)	sag-e gele	سگ گله
berger (m) allemand	sag-e jerman šeperd	سگ ژرمن شپرد
caniche (f)	pudel	پودل
teckel (m)	sag-e pākutāh	سگ پاکوتاه
bouledogue (m)	buldāg	بولداگ

boxer (m)	boksor	بوکسور
mastiff (m)	māstif	ماستیف
rottweiler (m)	rotveylir	روتویلر
doberman (m)	dobermen	دوبرمن

basset (m)	ba's-at	باست
bobtail (m)	dam čatri	دم چتری
dalmatien (m)	dālmāsi	دالماسی
cocker (m)	kākir spāniyel	کاکیر سپانیل

| terre-neuve (m) | nyufāundland | نیوفاوندلند |
| saint-bernard (m) | sant bernārd | سنت برنارد |

husky (m)	sag-e surtme	سگ سورتمه
chow-chow (m)	čāu-čāu	چاو-چاو
spitz (m)	espitz	اسپیتز
carlin (m)	pāg	پاگ

178. Les cris des animaux

aboiement (m)	vāq vāq	واق واق
aboyer (vi)	vāq-vāq kardan	واق واق کردن
miauler (vi)	miyu-miyu kardan	میو میو کردن
ronronner (vi)	xor-xor kardan	خرخر کردن

meugler (vi)	mu-mu kardan	مو مو کردن
beugler (taureau)	na're kešidan	نعره کشیدن
rugir (chien)	qorqor kardan	غرغر کردن

hurlement (m)	zuze	زوزه
hurler (loup)	zuze kešidan	زوزه کشیدن
geindre (vi)	zuze kešidan	زوزه کشیدن

bêler (vi)	ba'ba' kardan	بع بع کردن
grogner (cochon)	xor-xor kardan	خرخر کردن
glapir (cochon)	jiq zadan	جیغ زدن

coasser (vi)	qur-qur kardan	قورقور کردن
bourdonner (vi)	vez-vez kardan	وزوز کردن
striduler (vi)	jir-jir kardan	جیر جیر کردن

179. Les oiseaux

oiseau (m)	parande	پرنده
pigeon (m)	kabutar	کبوتر
moineau (m)	gonješk	گنجشک
mésange (f)	morq-e zanburxār	مرغ زنبورخوار
pie (f)	zāqi	زاغی

corbeau (m)	kalāq-e siyāh	کلاغ سیاه
corneille (f)	kalāq	کلاغ
choucas (m)	zāq	زاغ

freux (m)	kalāq-e siyāh	کلاغ سیاه
canard (m)	ordak	اردک
oie (f)	qāz	غاز
faisan (m)	qarqāvol	قرقاول

aigle (m)	oqāb	عقاب
épervier (m)	qerqi	قرقی
faucon (m)	šāhin	شاهین

| vautour (m) | karkas | کرکس |
| condor (m) | karkas-e emrikāyi | کرکس امریکایی |

cygne (m)	qu	قو
grue (f)	dornā	درنا
cigogne (f)	lak lak	لک لک

perroquet (m)	tuti	طوطی
colibri (m)	morq-e magas-e xār	مرغ مگس خوار
paon (m)	tāvus	طاووس

| autruche (f) | šotormorq | شترمرغ |
| héron (m) | havāsil | حواصیل |

| flamant (m) | felāmingo | فلامینگو |
| pélican (m) | pelikān | پلیکان |

| rossignol (m) | bolbol | بلبل |
| hirondelle (f) | parastu | پرستو |

merle (m)	bāstarak	باسترک
grive (f)	torqe	طرقه
merle (m) noir	tukā-ye siyāh	توکای سیاه

martinet (m)	bādxorak	بادخورک
alouette (f) des champs	čakāvak	چکاوک
caille (f)	belderčin	بلدرچین

pivert (m)	dārkub	دارکوب
coucou (m)	fāxte	فاخته
chouette (f)	joqd	جغد
hibou (m)	šāh buf	شاه بوف
tétras (m)	siāh xorus	سیاه خروس

| tétras-lyre (m) | siāh xorus-e jangali | سیاه خروس جنگلی |
| perdrix (f) | kabk | کبک |

étourneau (m)	sār	سار
canari (m)	qanāri	قناری
gélinotte (f) des bois	siyāh xorus-e fandoqi	سیاه خروس فندقی

| pinson (m) | sehre-ye jangali | سهره جنگلی |
| bouvreuil (m) | sohre sar-e siyāh | سهره سر سیاه |

mouette (f)	morq-e daryāyi	مرغ دریایی
albatros (m)	morq-e daryāyi	مرغ دریایی
pingouin (m)	pangoan	پنگوئن

180. Les oiseaux. Le chant, les cris

chanter (vi)	xāndan	خواندن
crier (vi)	faryād kardan	فریاد کردن
chanter (le coq)	ququli ququ kardan	قوقولی قوقو کردن
cocorico (m)	ququli ququ	قوقولی قوقو
glousser (vi)	qodqod kardan	قدقد کردن
croasser (vi)	qār-qār kardan	قارقار کردن
cancaner (vi)	qāt-qāt kardan	قات قات کردن
piauler (vi)	jir-jir kardan	جیر جیر کردن
pépier (vi)	jik-jik kardan	جیک جیک کردن

181. Les poissons. Les animaux marins

brème (f)	māhi-ye sim	ماهی سیم
carpe (f)	kapur	کپور
perche (f)	māhi-e luti	ماهی لوتی
silure (m)	gorbe-ye māhi	گربه ماهی
brochet (m)	ordak māhi	اردک ماهی
saumon (m)	māhi-ye salemon	ماهی سالمون
esturgeon (m)	māhi-ye xāviār	ماهی خاویار
hareng (m)	māhi-ye šur	ماهی شور
saumon (m) atlantique	sālmon-e atlāntik	سالمون اتلانتیک
maquereau (m)	māhi-ye esqumeri	ماهی اسقومری
flet (m)	sofre māhi	سفره ماهی
sandre (f)	suf	سوف
morue (f)	māhi-ye rowqan	ماهی روغن
thon (m)	tan māhi	تن ماهی
truite (f)	māhi-ye qezelālā	ماهی قزل آلا
anguille (f)	mārmāhi	مارماهی
torpille (f)	partomahiye barqi	پرتوماهی برقی
murène (f)	mārmāhi	مارماهی
piranha (m)	pirānā	پیرانا
requin (m)	kuse-ye māhi	کوسه ماهی
dauphin (m)	delfin	دلفین
baleine (f)	nahang	نهنگ
crabe (m)	xarčang	خرچنگ
méduse (f)	arus-e daryāyi	عروس دریایی
pieuvre (f), poulpe (m)	hašt pā	هشت پا
étoile (f) de mer	setāre-ye daryāyi	ستاره دریایی
oursin (m)	xārpošt-e daryāyi	خارپشت دریایی
hippocampe (m)	asb-e daryāyi	اسب دریایی
huître (f)	sadaf-e xorāki	صدف خوراکی
crevette (f)	meygu	میگو

| homard (m) | xarčang-e daryāyi | خرچنگ دریایی |
| langoustine (f) | xarčang-e xārdār | خرچنگ خاردار |

182. Les amphibiens. Les reptiles

| serpent (m) | mār | مار |
| venimeux (adj) | sammi | سمی |

vipère (f)	af'i	افعی
cobra (m)	kobrā	کبرا
python (m)	mār-e pinton	مار پیتون
boa (m)	mār-e bwa	مار بوا

couleuvre (f)	mār-e čaman	مار چمن
serpent (m) à sonnettes	mār-e zangi	مار زنگی
anaconda (m)	mār-e ānākondā	مار آناکوندا

lézard (m)	susmār	سوسمار
iguane (m)	susmār-e deraxti	سوسمار درختی
varan (m)	bozmajje	بزمجه
salamandre (f)	samandar	سمندر
caméléon (m)	āftāb-parast	آفتاب پرست
scorpion (m)	aqrab	عقرب

tortue (f)	lāk pošt	لاک پشت
grenouille (f)	qurbāqe	قورباغه
crapaud (m)	vazaq	وزغ
crocodile (m)	temsāh	تمساح

183. Les insectes

insecte (m)	hašare	حشره
papillon (m)	parvāne	پروانه
fourmi (f)	murče	مورچه
mouche (f)	magas	مگس
moustique (m)	paše	پشه
scarabée (m)	susk	سوسک

guêpe (f)	zanbur	زنبور
abeille (f)	zanbur-e asal	زنبور عسل
bourdon (m)	xar zanbur	خرزنبور
œstre (m)	xarmagas	خرمگس

| araignée (f) | ankabut | عنکبوت |
| toile (f) d'araignée | tār-e ankabut | تارعنکبوت |

libellule (f)	sanjāqak	سنجاقک
sauterelle (f)	malax	ملخ
papillon (m)	bid	بید

| cafard (m) | susk | سوسک |
| tique (f) | kane | کنه |

| puce (f) | kak | کک |
| moucheron (m) | paše-ye rize | پشه ریزه |

criquet (m)	malax	ملخ
escargot (m)	halazun	حلزون
grillon (m)	jirjirak	جیرجیرک
luciole (f)	kerm-e šab-tāb	کرم شب تاب
coccinelle (f)	kafšduzak	کفشدوزک
hanneton (m)	susk bāldār	سوسک بالدار

sangsue (f)	zālu	زالو
chenille (f)	kerm-e abrišam	کرم ابریشم
ver (m)	kerm	کرم
larve (f)	lārv	لارو

184. Les parties du corps des animaux

bec (m)	nok	نوک
ailes (f pl)	bāl-hā	بال ها
patte (f)	panje	پنجه
plumage (m)	por-o bāl	پر و بال
plume (f)	por	پر
houppe (f)	kākol	کاکل

ouïes (f pl)	ābšoš	آبشش
œufs (m pl)	toxme mahi	تخم ماهی
larve (f)	lārv	لارو
nageoire (f)	bāle-ye māhi	باله ماهی
écaille (f)	fals	فلس

croc (m)	niš	نیش
patte (f)	panje	پنجه
museau (m)	puze	پوزه
gueule (f)	dahān	دهان
queue (f)	dam	دم
moustaches (f pl)	sebil	سبیل

| sabot (m) | sam | سم |
| corne (f) | šāx | شاخ |

carapace (f)	lāk	لاک
coquillage (m)	sadaf	صدف
coquille (f) d'œuf	puste	پوسته

| poil (m) | pašm | پشم |
| peau (f) | pust | پوست |

185. Les habitats des animaux

habitat (m) naturel	zistgāh	زیستگاه
migration (f)	mohājerat	مهاجرت
montagne (f)	kuh	کوه

| récif (m) | tappe-ye daryāyi | تپه دریایی |
| rocher (m) | saxre | صخره |

forêt (f)	jangal	جنگل
jungle (f)	jangal	جنگل
savane (f)	sāvānā	ساوانا
toundra (f)	tondrā	توندرا

steppe (f)	estep	استپ
désert (m)	biyābān	بیابان
oasis (f)	vāhe	واحه

mer (f)	daryā	دریا
lac (m)	daryāče	دریاچه
océan (m)	oqyānus	اقیانوس

marais (m)	bātlāq	باتلاق
d'eau douce (adj)	ab-e širin	آب شیرین
étang (m)	tālāb	تالاب
rivière (f), fleuve (m)	rudxāne	رودخانه

tanière (f)	lāne-ye xers	لانه خرس
nid (m)	lāne	لانه
creux (m)	surāx	سوراخ
terrier (m) (~ d'un renard)	lāne	لانه
fourmilière (f)	lāne-ye murče	لانة مورچه

La flore

186. Les arbres

arbre (m)	deraxt	درخت
à feuilles caduques	barg riz	برگ ریز
conifère (adj)	maxrutiyān	مخروطیان
à feuilles persistantes	hamiše sabz	همیشه سبز
pommier (m)	deraxt-e sib	درخت سیب
poirier (m)	golābi	گلابی
merisier (m)	gilās	گیلاس
cerisier (m)	ālbālu	آلبالو
prunier (m)	ālu	آلو
bouleau (m)	tus	توس
chêne (m)	balut	بلوط
tilleul (m)	zirfun	زیرفون
tremble (m)	senowbar-e larzān	صنوبر لرزان
érable (m)	afrā	افرا
épicéa (m)	senowbar	صنوبر
pin (m)	kāj	کاج
mélèze (m)	senowbar-e ārāste	صنوبر آراسته
sapin (m)	šāh deraxt	شاه درخت
cèdre (m)	sedr	سدر
peuplier (m)	sepidār	سپیدار
sorbier (m)	zabān gonješk-e kuhi	زبان گنجشک کوهی
saule (m)	bid	بید
aune (m)	tuskā	توسکا
hêtre (m)	rāš	راش
orme (m)	nārvan-e qermez	نارون قرمز
frêne (m)	zabān-e gonješk	زبان گنجشک
marronnier (m)	šāh balut	شاه بلوط
magnolia (m)	māgnoliyā	ماگنولیا
palmier (m)	naxl	نخل
cyprès (m)	sarv	سرو
palétuvier (m)	karnā	کرنا
baobab (m)	bāobāb	بائوباب
eucalyptus (m)	okaliptus	اوکالیپتوس
séquoia (m)	sorx-e čub	سرخ چوب

187. Les arbustes

buisson (m)	bute	بوته
arbrisseau (m)	bute zār	بوته زار

| vigne (f) | angur | انگور |
| vigne (f) (vignoble) | tākestān | تاكستان |

framboise (f)	tamešk	تمشک
cassis (m)	angur-e farangi-ye siyāh	انگور فرنگی سیاه
groseille (f) rouge	angur-e farangi-ye sorx	انگور فرنگی سرخ
groseille (f) verte	angur-e farangi	انگور فرنگی

acacia (m)	aqāqiyā	اقاقیا
berbéris (m)	zerešk	زرشک
jasmin (m)	yāsaman	یاسمن

genévrier (m)	ardaj	اردج
rosier (m)	bute-ye gol-e mohammadi	بوتۀ گل محمدی
églantier (m)	nastaran	نسترن

188. Les champignons

champignon (m)	qārč	قارچ
champignon (m) comestible	qārč-e xorāki	قارچ خوراکی
champignon (m) vénéneux	qārč-e sammi	قارچ سمی
chapeau (m)	kolāhak-e qārč	کلاهک قارچ
pied (m)	pāye	پایه

cèpe (m)	qārč-e sefid	قارچ سفید
bolet (m) orangé	samāruq	سماروغ
bolet (m) bai	qārč-e bulet	قارچ بولت
girolle (f)	qārč-e zard	قارچ زرد
russule (f)	qārč-e tiqe-ye tord	قارچ تیغه ترد

morille (f)	qārč-e morkelā	قارچ مورکلا
amanite (f) tue-mouches	qārč-e magas	قارچ مگس
oronge (f) verte	kolāhak-e marg	کلاهک مرگ

189. Les fruits. Les baies

| fruit (m) | mive | میوه |
| fruits (m pl) | mive jāt | میوه جات |

pomme (f)	sib	سیب
poire (f)	golābi	گلابی
prune (f)	ālu	آلو

fraise (f)	tut-e farangi	توت فرنگی
cerise (f)	ālbālu	آلبالو
merise (f)	gilās	گیلاس
raisin (m)	angur	انگور

framboise (f)	tamešk	تمشک
cassis (m)	angur-e farangi-ye siyāh	انگور فرنگی سیاه
groseille (f) rouge	angur-e farangi-ye sorx	انگور فرنگی سرخ
groseille (f) verte	angur-e farangi	انگور فرنگی

canneberge (f)	nārdānak-e vahši	ناردانک وحشی
orange (f)	porteqāl	پرتقال
mandarine (f)	nārengi	نارنگی
ananas (m)	ānānās	آناناس
banane (f)	mowz	موز
datte (f)	xormā	خرما

citron (m)	limu	لیمو
abricot (m)	zardālu	زردآلو
pêche (f)	holu	هلو
kiwi (m)	kivi	کیوی
pamplemousse (m)	gerip forut	گریپ فوروت

baie (f)	mive-ye butei	میوهٔ بوته ای
baies (f pl)	mivehā-ye butei	میوه های بوته ای
airelle (f) rouge	tut-e farangi-ye jangali	توت فرنگی جنگلی
fraise (f) des bois	zoqāl axte	زغال اخته
myrtille (f)	zoqāl axte	زغال اخته

190. Les fleurs. Les plantes

fleur (f)	gol	گل
bouquet (m)	daste-ye gol	دسته گل

rose (f)	gol-e sorx	گل سرخ
tulipe (f)	lāle	لاله
oeillet (m)	mixak	میخک
glaïeul (m)	susan-e sefid	سوسن سفید

bleuet (m)	gol-e gandom	گل گندم
campanule (f)	gol-e estekāni	گل استکانی
dent-de-lion (f)	gol-e qāsedak	گل قاصدک
marguerite (f)	bābune	بابونه

aloès (m)	oloviye	آلوئه
cactus (m)	kāktus	کاکتوس
ficus (m)	fikus	فیکوس

lis (m)	susan	سوسن
géranium (m)	gol-e šam'dāni	گل شمعدانی
jacinthe (f)	sonbol	سنبل

mimosa (m)	mimosā	میموسا
jonquille (f)	narges	نرگس
capucine (f)	gol-e lādan	گل لادن

orchidée (f)	orkide	ارکیده
pivoine (f)	gol-e ašrafi	گل اشرفی
violette (f)	banafše	بنفشه

pensée (f)	banafše-ye farangi	بنفشه فرنگی
myosotis (m)	gol-e farāmuš-am makon	گل فراموشم مکن
pâquerette (f)	gol-e morvārid	گل مروارید
coquelicot (m)	xašxāš	خشخاش

| chanvre (m) | šāh dāne | شاه دانه |
| menthe (f) | naʿnāʿ | نعناع |

| muguet (m) | muge | موگه |
| perce-neige (f) | gol-e barfi | گل برفی |

ortie (f)	gazane	گزنه
oseille (f)	toršak	ترشک
nénuphar (m)	nilufar-e abi	نیلوفر آبی
fougère (f)	saraxs	سرخس
lichen (m)	golesang	گلسنگ

serre (f) tropicale	golxāne	گلخانه
gazon (m)	čaman	چمن
parterre (m) de fleurs	baqče-ye gol	باغچه گل

plante (f)	giyāh	گیاه
herbe (f)	alaf	علف
brin (m) d'herbe	alaf	علف

feuille (f)	barg	برگ
pétale (m)	golbarg	گلبرگ
tige (f)	sāqe	ساقه
tubercule (m)	riše	ریشه

| pousse (f) | javāne | جوانه |
| épine (f) | xār | خار |

fleurir (vi)	gol kardan	گل کردن
se faner (vp)	pažmorde šodan	پژمرده شدن
odeur (f)	bu	بو
couper (vt)	boridan	بریدن
cueillir (fleurs)	kandan	کندن

191. Les céréales

grains (m pl)	dāne	دانه
céréales (f pl) (plantes)	qallāt	غلات
épi (m)	xuše	خوشه

blé (m)	gandom	گندم
seigle (m)	čāvdār	چاودار
avoine (f)	jow-e sahrāyi	جو صحرایی
millet (m)	arzan	ارزن
orge (f)	jow	جو
maïs (m)	zorrat	ذرت
riz (m)	berenj	برنج
sarrasin (m)	gandom-e siyāh	گندم سیاه

pois (m)	noxod	نخود
haricot (m)	lubiyā qermez	لوبیا قرمز
soja (m)	sowyā	سویا
lentille (f)	adas	عدس
fèves (f pl)	lubiyā	لوبیا

LA GÉOGRAPHIE RÉGIONALE

Les pays du monde. Les nationalités

192. La politique. Le gouvernement. Partie 1

politique (f)	siyāsat	سیاست
politique (adj)	siyāsi	سیاسی
homme (m) politique	siyāsatmadār	سیاستمدار
état (m)	dowlat	دولت
citoyen (m)	šahrvand	شهروند
citoyenneté (f)	šahrvandi	شهروندی
armoiries (f pl) nationales	nešān melli	نشان ملی
hymne (m) national	sorud-e melli	سرود ملی
gouvernement (m)	hokumat	حکومت
chef (m) d'état	rahbar-e dowlat	رهبر دولت
parlement (m)	pārlemān	پارلمان
parti (m)	hezb	حزب
capitalisme (m)	sarmāye dāri	سرمایه داری
capitaliste (adj)	kāpitālisti	کاپیتالیستی
socialisme (m)	sosiyālism	سوسیالیسم
socialiste (adj)	sosiyālisti	سوسیالیستی
communisme (m)	komonism	کمونیسم
communiste (adj)	komonisti	کمونیستی
communiste (m)	komonist	کمونیست
démocratie (f)	demokrāsi	دموکراسی
démocrate (m)	demokrāt	دموکرات
démocratique (adj)	demokrātik	دموکراتیک
parti (m) démocratique	hezb-e demokrāt	حزب دموکرات
libéral (m)	liberāl	لیبرال
libéral (adj)	liberāli	لیبرالی
conservateur (m)	mohāfeze kār	محافظه کار
conservateur (adj)	mohāfeze kāri	محافظه کاری
république (f)	jomhuri	جمهوری
républicain (m)	jomhuri xāh	جمهوری خواه
parti (m) républicain	hezb-e jomhurixāh	حزب جمهوری خواه
élections (f pl)	entexābāt	انتخابات
élire (vt)	entexāb kardan	انتخاب کردن

électeur (m)	entexāb konande	انتخاب کننده
campagne (f) électorale	kampeyn-e entexābāti	کمپین انتخاباتی
vote (m)	axz-e ra'y	اخذ رأی
voter (vi)	ra'y dādan	رأی دادن
droit (m) de vote	haqq-e ra'y	حق رأی
candidat (m)	nāmzad	نامزد
poser sa candidature	nāmzad šodan	نامزد شدن
campagne (f)	kampeyn	کمپین
d'opposition (adj)	moxālef	مخالف
opposition (f)	opozisyon	اپوزیسیون
visite (f)	vizit	ویزیت
visite (f) officielle	vizit-e rasmi	ویزیت رسمی
international (adj)	beynolmelali	بین المللی
négociations (f pl)	mozākerāt	مذاکرات
négocier (vi)	mozākere kardan	مذاکره کردن

193. La politique. Le gouvernement. Partie 2

société (f)	jam'iyat	جمعیت
constitution (f)	qānun-e asāsi	قانون اساسی
pouvoir (m)	hākemiyat	حاکمیت
corruption (f)	fesād	فساد
loi (f)	qānun	قانون
légal (adj)	qānuni	قانونی
justice (f)	edālat	عدالت
juste (adj)	ādel	عادل
comité (m)	komite	کمیته
projet (m) de loi	lāyehe-ye qānun	لایحۀ قانون
budget (m)	budje	بودجه
politique (f)	siyāsat	سیاست
réforme (f)	eslāhāt	اصلاحات
radical (adj)	efrāti	افراطی
puissance (f)	niru	نیرو
puissant (adj)	moqtader	مقتدر
partisan (m)	tarafdār	طرفدار
influence (f)	ta'sir	تأثیر
régime (m)	nezām	نظام
conflit (m)	dargiri	درگیری
complot (m)	towtee	توطئه
provocation (f)	tahrik	تحریک
renverser (le régime)	sarnegun kardan	سرنگون کردن
renversement (m)	sarneguni	سرنگونی
révolution (f)	enqelāb	انقلاب

| coup (m) d'État | kudetā | کودتا |
| coup (m) d'État militaire | kudetā-ye nezāmi | کودتای نظامی |

crise (f)	bohrān	بحران
baisse (f) économique	rokud-e eqtesādi	رکود اقتصادی
manifestant (m)	tazāhorāt konande	تظاهرات کننده
manifestation (f)	tazāhorāt	تظاهرات
loi (f) martiale	hālat-e nezāmi	حالت نظامی
base (f) militaire	pāygāh-e nezāmi	پایگاه نظامی

| stabilité (f) | sobāt | ثبات |
| stable (adj) | bāsobāt | باثبات |

| exploitation (f) | bahre bardār-i | بهره برداری |
| exploiter (vt) | bahre bardār-i kardan | بهره برداری کردن |

racisme (m)	nežādparasti	نژادپرستی
raciste (m)	nežādparast	نژادپرست
fascisme (m)	fāšizm	فاشیزم
fasciste (m)	fāšist	فاشیست

194. Les différents pays du monde. Divers

étranger (m)	xāreji	خارجی
étranger (adj)	xāreji	خارجی
à l'étranger (adv)	dar xārej	در خارج

émigré (m)	mohājer	مهاجر
émigration (f)	mohājerat	مهاجرت
émigrer (vi)	mohājerat kardan	مهاجرت کردن

Ouest (m)	qarb	غرب
Est (m)	xāvar	خاور
Extrême Orient (m)	xāvar-e-dur	خاوردور

civilisation (f)	tamaddon	تمدن
humanité (f)	ensāniyat	انسانیت
monde (m)	jahān	جهان
paix (f)	solh	صلح
mondial (adj)	jahāni	جهانی

patrie (f)	vatan	وطن
peuple (m)	mellat	ملت
population (f)	mardom	مردم
gens (m pl)	afrād	افراد
nation (f)	mellat	ملت
génération (f)	nasl	نسل

territoire (m)	qalamrow	قلمرو
région (f)	mantaqe	منطقه
état (m) (partie du pays)	eyālat	ایالت

| tradition (f) | sonnat | سنت |
| coutume (f) | ādat | عادت |

écologie (f)	mohit-e zist	محيط زيست
indien (m)	hendi	هندی
bohémien (m)	mard-e kowli	مرد کولی
bohémienne (f)	zan-e kowli	زن کولی
bohémien (adj)	kowli	کولی
empire (m)	emperāturi	امپراطوری
colonie (f)	mosta'mere	مستعمره
esclavage (m)	bardegi	بردگی
invasion (f)	tahājom	تهاجم
famine (f)	gorosnegi	گرسنگی

195. Les groupes religieux. Les confessions

religion (f)	din	دین
religieux (adj)	dini	دینی
foi (f)	e'teqād	اعتقاد
croire (en Dieu)	e'teqād dāštan	اعتقاد داشتن
croyant (m)	mo'men	مؤمن
athéisme (m)	bi dini	بی دینی
athée (m)	molhed	ملحد
christianisme (m)	masihiyat	مسیحیت
chrétien (m)	masihi	مسیحی
chrétien (adj)	masihi	مسیحی
catholicisme (m)	mazhab-e kātolik	مذهب گاتولیک
catholique (m)	kātolik	کاتولیک
catholique (adj)	kātolik	کاتولیک
protestantisme (m)	āin-e porotestān	آئین پروتستان
Église (f) protestante	kelisā-ye porotestān	کلیسای پروتستان
protestant (m)	porotestān	پروتستان
Orthodoxie (f)	mazhab-e ortodoks	مذهب ارتدوکس
Église (f) orthodoxe	kelisā-ye ortodoks	کلیسای ارتدوکس
orthodoxe (m)	ortodoks	ارتدوکس
Presbytérianisme (m)	persbiterinism	پرسبیترینیسم
Église (f) presbytérienne	kelisā-ye persbiteri	کلیسای پرسبیتری
presbytérien (m)	persbiteri	پرسبیتری
Église (f) luthérienne	kelisā-ye lutrān	کلیسای لوتران
luthérien (m)	lutrān	لوتران
Baptisme (m)	kelisā-ye baptist	کلیسای باپتیست
baptiste (m)	baptist	باپتیست
Église (f) anglicane	kelisā-ye anglikān	کلیسای انگلیکان
anglican (m)	anglikān	انگلیکان
Mormonisme (m)	ferqe-ye mormon	فرقه مورمون
mormon (m)	mormon	مورمون

| judaïsme (m) | yahudiyat | يهوديت |
| juif (m) | yahudi | يهودى |

| Bouddhisme (m) | budism | بوديسم |
| bouddhiste (m) | budāyi | بودايى |

| hindouisme (m) | hendi | هندى |
| hindouiste (m) | hendu | هندو |

islam (m)	eslām	اسلام
musulman (m)	mosalmān	مسلمان
musulman (adj)	mosalmāni	مسلمانى

| Chiisme (m) | šiʻe | شيعه |
| chiite (m) | šiʻe | شيعه |

| Sunnisme (m) | senni | سنى |
| sunnite (m) | senni | سنى |

196. Les principales religions. Le clergé

| prêtre (m) | kešiš | كشيش |
| Pape (m) | pāp | پاپ |

moine (m)	rāheb	راهب
bonne sœur (f)	rāhebe	راهبه
pasteur (m)	pišvā-ye ruhān-i	پيشواى روحانى

abbé (m)	rāheb-e bozorg	راهب بزرگ
vicaire (m)	keš-yaš baxš	كشيش بخش
évêque (m)	osqof	اسقف
cardinal (m)	kārdināl	كاردينال

prédicateur (m)	vāʻez	واعظ
sermon (m)	moʻeze	موعظه
paroissiens (m pl)	kešiš tabār	كشيش تبار

| croyant (m) | moʻmen | مؤمن |
| athée (m) | molhed | ملحد |

197. La foi. Le Christianisme. L'Islam

| Adam | ādam | آدم |
| Ève | havvā | حوا |

Dieu (m)	xodā	خدا
le Seigneur	xodā	خدا
le Tout-Puissant	xodā	خدا

péché (m)	gonāh	گناه
pécher (vi)	gonāh kardan	گناه كردن
pécheur (m)	gonāhkār	گناهكار

pécheresse (f)	gonāhkār	گناهکار
enfer (m)	jahannam	جهنم
paradis (m)	behešt	بهشت
Jésus	isā	عیسی
Jésus Christ	isā masih	عیسی مسیح
le Saint-Esprit	ruh olqodos	روح القدس
le Sauveur	monji	منجی
la Sainte Vierge	maryam bākere	مریم باکره
le Diable	šeytān	شیطان
diabolique (adj)	šeytāni	شیطانی
Satan	šeytān	شیطان
satanique (adj)	šeytāni	شیطانی
ange (m)	ferešte	فرشته
ange (m) gardien	ferešte-ye negahbān	فرشتة نگهبان
angélique (adj)	ferešte i	فرشته ای
apôtre (m)	havāri	حواری
archange (m)	ferešte-ye moqarrab	فرشتة مقرب
antéchrist (m)	dajjāl	دجال
Église (f)	kelisā	کلیسا
Bible (f)	enjil	انجیل
biblique (adj)	enjili	انجیلی
Ancien Testament (m)	ahd-e atiq	عهد عتیق
Nouveau Testament (m)	ahd-e jadid	عهد جدید
Évangile (m)	enjil	انجیل
Sainte Écriture (f)	ketāb-e moqaddas	کتاب مقدس
Cieux (m pl)	behešt	بهشت
commandement (m)	farmān	فرمان
prophète (m)	payāmbar	پیامبر
prophétie (f)	payāmbari	پیامبری
Allah	allāh	الله
Mahomet	mohammad	محمد
le Coran	qor'ān	قرآن
mosquée (f)	masjed	مسجد
mulla (m)	mala'	ملا
prière (f)	namāz	نماز
prier (~ Dieu)	do'ā kardan	دعا کردن
pèlerinage (m)	ziyārat	زیارت
pèlerin (m)	zāer	زائر
La Mecque	makke	مکه
église (f)	kelisā	کلیسا
temple (m)	haram	حرم
cathédrale (f)	kelisā-ye jāme'	کلیسای جامع
gothique (adj)	gotik	گوتیک
synagogue (f)	kenešt	کنشت

mosquée (f)	masjed	مسجد
chapelle (f)	kelisā-ye kučak	کلیسای کوچک
abbaye (f)	sowme'e	صومعه
couvent (m)	sowme'e	صومعه
monastère (m)	deyr	دیر
cloche (f)	nāqus	ناقوس
clocher (m)	borj-e nāqus	برج ناقوس
sonner (vi)	sedā kardan	صدا کردن
croix (f)	salib	صلیب
coupole (f)	gonbad	گنبد
icône (f)	šamāyel-e moqaddas	شمایل مقدس
âme (f)	jān	جان
sort (m) (destin)	sarnevešt	سرنوشت
mal (m)	badi	بدی
bien (m)	niki	نیکی
vampire (m)	xun āšām	خون آشام
sorcière (f)	jādugar	جادوگر
démon (m)	div	دیو
esprit (m)	ruh	روح
rachat (m)	talab-e afv	طلب عفو
racheter (pécheur)	talab-e afv kardan	طلب عفو کردن
office (m), messe (f)	ebādat	عبادت
dire la messe	ebādat kardan	عبادت کردن
confession (f)	marāsem-e towbe	مراسم توبه
se confesser (vp)	towbe kardan	توبه کردن
saint (m)	qeddis	قدیس
sacré (adj)	moqaddas	مقدس
l'eau bénite	āb-e moqaddas	آب مقدس
rite (m)	marāsem	مراسم
rituel (adj)	āyini	آیینی
sacrifice (m)	qorbāni	قربانی
superstition (f)	xorāfe	خرافه
superstitieux (adj)	xorāfāti	خرافاتی
vie (f) après la mort	zendegi pas az marg	زندگی پس ازمرگ
vie (f) éternelle	zendegi-ye jāvid	زندگی جاوید

DIVERS

198. Quelques mots et formules utiles

aide (f)	komak	کمک
arrêt (m) (pause)	tavaqqof	توقف
balance (f)	ta'ādol	تعادل
barrière (f)	hesār	حصار
base (f)	pāye	پایه
catégorie (f)	tabaqe	طبقه
cause (f)	sabab	سبب
choix (m)	entexāb	انتخاب
chose (f) (objet)	čiz	چیز
coïncidence (f)	tatāboq	تطابق
comparaison (f)	qiyās	قیاس
compensation (f)	jobrān	جبران
confortable (adj)	rāhat	راحت
croissance (f)	rošd	رشد
début (m)	šoru'	شروع
degré (m) (~ de liberté)	daraje	درجه
développement (m)	pišraft	پیشرفت
différence (f)	farq	فرق
d'urgence (adv)	foran	فوراً
effet (m)	asar	اثر
effort (m)	kušeš	کوشش
élément (m)	onsor	عنصر
exemple (m)	mesāl	مثال
fait (m)	haqiqat	حقیقت
faute, erreur (f)	eštebāh	اشتباه
fin (f)	etmām	اتمام
fond (m) (arrière-plan)	zamine	زمینه
forme (f)	šekl	شکل
fréquent (adj)	mokarrar	مکرر
genre (m) (type, sorte)	no'	نوع
idéal (m)	ide āl	ایده آل
labyrinthe (m)	hezār tuy	هزارتوی
mode (m) (méthode)	tariq	طریق
moment (m)	lahze	لحظه
objet (m)	mabhas	مبحث
obstacle (m)	māne'	مانع
original (m)	asli	اصلی
part (f)	joz	جزء
particule (f)	zarre	ذره

pause (f)	maks	مكث
position (f)	vazʿ	وضع
principe (m)	asl	اصل
problème (m)	moškel	مشكل
processus (m)	ravand	روند
progrès (m)	taraqqi	ترقی
propriété (f) (qualité)	xāsiyat	خاصیت
réaction (f)	vākoneš	واكنش
risque (m)	risk	ریسک
secret (m)	rāz	راز
série (f)	seri	سری
situation (f)	vazʿiyat	وضعیت
solution (f)	hal	حل
standard (adj)	estāndārd	استاندارد
standard (m)	estāndārd	استاندارد
style (m)	sabok	سبک
système (m)	sistem	سیستم
tableau (m) (grille)	jadval	جدول
tempo (m)	sorʿat	سرعت
terme (m)	estelāh	اصطلاح
tour (m) (attends ton ~)	nowbat	نوبت
type (m) (~ de sport)	noʿ	نوع
urgent (adj)	fowri	فوری
utilité (f)	fāyede	فایده
vérité (f)	haqiqat	حقیقت
version (f)	moteqayyer	متغیر
zone (f)	mantaqe	منطقه